달라이 라마의

하루하루를 행복하게 하는 명상법

CULTIVATING A DAILY MEDITATION by H.H. The Dalai Lama ⓒ Original owned by Library of Tibetan Works & Archives All rights reserved.

Korean edition copyright ⓒ 2007 by Hanulbook Books Published by agreement with Library of Tibetan Works & Archives through Shinwon Agency Co.

이 책의 한국어판 저작권은 신원에이전시를 통하여 저작권자와의 독점계약으로 한국어 판권은 도서출판 하늘북에 있습니다. 저작권법에 의해 한국 내에서 보호를 받는 저작물이므로 무단 전재와 복제를 금합니다.

달라이 라마의

하루하루를 행복하게 하는 명상법

달라이 라마 저
도윤 김현남 역

하늘북

목차 contents

서문   6
머리말   12

제1장. 하루하루의 삶과 마음가짐
1절. 티베트 불교의 성격   18
2절. 인과(因果)와 연기(緣起)   23
3절. 마음의 분석   28
4절. 공성(空性)의 분석   36
    질의응답   38

제2장. 수행(修行)의 길[道]
1절. 두가지 수준의 진리   50
2절. 아(我) - 영구불변의 실체   55
    질의응답   58

제3장. 초심자를 향한 명상법
1절. 마음을 훈련하는 8가지 게송   76
2절. 쉬운 밀교 명상법   85
    질의응답   95

제4장. 불교의 전체적인 모습
1절. 수행을 통합　　　　　　106
2절. 4가지 성스러운 진리　　 108
3절. 소승불교·대승불교·밀교　116
4절. 명상에 적합한 환경　　　118
5절. 귀의의 상징　　　　　　121
6절. 좌법과 호흡법　　　　　124
　　　질의응답　　　　　　　126

제5장. 지혜 발견
1절. 마음가짐　　　　　　　 134
2절. 의식　　　　　　　　　 136
3절. 귀의의 대상을 관상　　　145
4절. 보리심을 일으킴　　　　 148
　　　질의응답　　　　　　　157

제6장. 깨달음의 길
1절. 보리심의 명상　　　　　164
2절. 선정(禪定)　　　　　　　167
3절. 만트라 암송　　　　　　173
4절. 공성(空性)의 명상　　　 178
　　　질의응답　　　　　　　184

부록. 초심자를 위한 쉬운 밀교 명상법　202

서문

　수 년 전, 달라이 라마 법왕은 불교에 대한 사상과 명상법을 비롯하여 불교도로서 실천하고 행동해야할 내용들을 주제로 강의를 하였다. 강의를 듣는 청중들은 모두 인도인들이었다.
　이 강연을 의뢰하고, 준비한 것은 뉴델리에 거주하면서 티베트 불교에 흥미가 있는 그룹으로, 대부분의 모든 구성원들이 몇 년 전부터 달라이 라마 법왕을 알고 있었다.

　강연은 비공식이었지만 티베트의 전통에 따라 행해졌다. 강연과 거기에서 계속되는 질의응답을 기록하여 후에 그 내용들을 다시 살펴보니, 불교 전체의 사상과 수행을 나타내는 내용으로 매우 흥미로운 한 권의 책임을 알게 되었다. 그렇다면 세계의 독자들을 위해 이것을 편집 출판하는 것은 매우 유익한 기획이 아닐까? 라고 생각하게 되었다.
　강연 중에 달라이 라마 법왕은 불교의 요점을 빠트리지 않고 알기 쉽고 자세하게 설명하였으며, 또 하루하루의 명상수행(瞑想修行)을 어떻게 할 것인가를 간단명료하게 말씀하셨으며, 일상생활 속에서 남들에게 관용을 베푸는 마음과 공성(空性)의 견해를 어떻게 지속해 갈 것인가를 설명하고 있다.

또 각 강연 후에 계속되는 질의응답에서는 청중이 자유롭게 발언할 수 있는 기회가 있어, 일반인들이 수행을 할 때에 경험하거나 발생하는 여러 가지의 문제점들을 다루고 있는 등 수행법과 수행을 통해 얻어지는 인스피레이션(영감)에 관한 유익한 정보로 가득하다.

본서의 제3장에서 달라이 라마 법왕은 두 개의 명상용 교재를 사용하고 있다. 처음 것은 카담파의 전통적 명상법을 기록한 12C의 불교시(詩) 『마음을 훈련하는 8가지의 게송(詩頌)』으로, 티베트 공문서 도서관(Library of Tibetan Works and Archives, 이하 LTWA로 표기)에서는 달라이 라마 법왕이 이 짧은 교재에 자세한 주석을 달은 것을 《4가지의 불교텍스트의 진수주석(眞髓註釋)》이라는 제목의 책에 수록하여 출판하고 있다.

《마음을 훈련하는 8가지의 게송(詩頌)》을 더욱 깊게 연구해 보고 싶은 사람에게는 도움이 될 것이 틀림없다. 또 하나의 교재《초심자(初心者)를 위한 쉬운 밀교명상법》은 20년 전 달라이 라마 법왕이 故 존·브로펠드의 의뢰를 받고 쓴 것으로 교재 그 자체는 본서의 부록에 수록했다.

이것은 기초적인 명상수련에 사용할 수 있도록 의도된 명상 매뉴얼로써 명상장소를 정돈하고 불단(佛壇)에 공물을 올리고, 좌구(앉을 때 까는 물건)에 앉고 마음을 가다듬고 삼보(三寶)에 귀의, 발보리심(發菩提心), 불타의 명상, 만트라(Mantra)를 소리 내어 읽는 등으로 명상의 순서를 설명하고 있다.

이 교재의 번역은 존 브로펠드의 협력아래 텐진 케톱선생이 행하여, 1971년 달라이 라마 법왕의 프라이베트 오피스에서 소책자로 출판되었다. 독자에게는 제3장을 읽기 전에 처음으로 이 교재가 사용되는데, 그 이후의 여러 장에서도 반복하여 이 교재를 사용하여 수행에 적용할 수 있는 전통적인 불교명상법을 설명하고 있다.

어떤 의미에서는 달라이 라마 법왕의 강의는 일상생활에서 밀교 명상을 계속해 가려면 어떻게 하면 좋은가로 시작하여 마감하고 있다. 그러므로 본서의 제목으로 《달라이 라마의 하루하루의 명상》으로 정해졌다. 《밀교명상법》에서 관상(觀想)의 대상으로 석존(釋尊)을 비롯하여 문수(文殊)·관음(觀音)·금강수(金剛手)·타-라(Tara)의 4보살로 타-라만이 여신이다.

법왕은 각각 부처의 상징적 의미와 만트라의 염송과 각 부처에게 관련된 여러 가지의 명상법을 설명한다. 그 외에 이야기해야 할 사항은 수행의 내용에서 다루어지고 있다.

달라이 라마 법왕은 아래와 같은 말로 이 강의를 개강했다.

『제가 이와 같이 많은 인도인 청중을 상대로 부처님의 가르침에[佛法]에 관해 이야기하는 것은 이번이 처음입니다. 여러분들은 인도인입니다. …라는 것은, 제가 지금부터 이야기하는 것은 본래 나의 것이 아닌 여러분의 것입니다.』

또 계속 이렇게 말했다.

『수십 세기 전 불교가 처음으로 인도에 의해 눈의 나라 티베트에 전해졌을 때, 우리는 이미 독자적인 종교를 가지고 있었습니다. 그러나 우리들은 오래된 종교와 불교를 비교할 수 있을 만큼의 열린 마음을, 즉 지성을 갖고 있었습니다. 최종적으로 티베트 민중은 불교를 선택했습니다. 이렇게 해서 천년 이상에 걸쳐 티베트는 불교를 수용해 왔습니다. 불교는 티베트 문화 전체를 풍성하게 함과 동시에 개개인의 불교수행자에게도 커다란 이익과 행복을 가져다 주었습니다.

이틀 후, 오후에 강연이 시작되었을 때는 외국인 친구들이 많은 것은 티베트인의 가장 뛰어난 덕성으로써 타인을 배려하는 마음과 따뜻하고 친절한 마음이 아닌가 합니다. 제가 생각하기에 티베트인의 이러한 마음은 오랜 세월 불교의 수행을 통하여 유지하여온 것이 아닐까 생각합니다. 불교는 인도의 가장 고귀한 보물 중의 하나입니다. 불교는 우리 티베트인들에게 내면의 즐거움과 힘을 주었습니다. 불교 이외의 것이 그러한 것을 줄 수는 없습니다.』

『조국을 잃고, 사랑하는 사람들의 죽음을 눈앞에서 보고 이국에서 난민으로써 살아 왔던 과거 30년 간, 불교는 우리들에게 헤아릴 수 없는 많은 은혜를 주었습니다. 우리들을 받아준 인도의 은혜와 불교를 통해 엮여진 정신적 동반은 티베트 민족이 결코 잊어서는 안 됩니다. 또한 이와 같이 인도의 친구들이 강연에 참여하여 저와 불교에 대해 이야기를 나누는 일은 저에게는 커다란 즐거움입니다.』

불교에 의해 감화되고 불교의 위대한 스승을 배출한 문화의 후예들인, 인도인 청중을 상대로 달라이 라마 법왕이 보여준 친절하고 깊은 감사였습니다. 이와 같은 강의의 내용을 출판할 수 있음에 기쁨을 금할 길이 없습니다. LTWA는 당 도서관의 오랜 친구인 몬타나대학의 로버트 턱스터교수에게 출판기획을 의뢰하여 교수님의 지극정성으로 본서의 기초적 구상이 정해졌습니다.

실제 원고를 편집하고 출판하는 준비를 해준 것은 LTWA 조사 및 번역부분의 명예회원인 젤레미 람셀과 그렘 H 물린입니다. 여러 가지 협력에 깊이 감사합니다. 또 이 강의의 최초의 기획자이며, 본서를 출판함에 있어 우리를 격려하며 조력을 아끼지 않았던 뉴델리의 영화제작자 리지브 메로트라에게는 특별한 사의를 표하고 싶습니다.

통역의 톱텐 지바 선생, 강의를 녹음한 오디오에서 원고를 타이핑한 아닐라 울스라, 편집단계에서 컴퓨터 입력의 대부분을 담당했던 남기엘 돌마와 체린 얀, 데스크톱 퍼브리싱, 시스템의 교제를 세트한 지움 울세이와 놀브 체펠에게도 감사합니다.

본서의 편집 방침은 극히 단순하게, 대화언어의 원고를 출판하기 위해 빠트릴 수 없는 작업으로 문장의 표현을 손질하는데 전념하였습니다. 법왕은 대부분의 경우 직접 영어를 사용하여 강의를 했지만, 통역의 도움을 빌리는 경우도 있었으므로 편집자로서 특권을 행사하여 여러 가지 문제점의 통일을 시도했습니다.

문맥을 왜곡시키지 않고 법왕의 가르침이 직접적으로 느껴 질 수 있도록 하기 위해 고심한 일은 부정할 수 없습니다. 기본적인 강의의 골자와 그 흐름, 발상(發想)의 전개를 주의 깊게 그대로 남기려고 노력했습니다.

달라이 라마 법왕과 인도의 지식계층과의 대화는 과거 몇 번이나 출판되었습니다. 수많은 잡지와 신문기사에, 또는 티베트를 다룬 서적들에 소개되고 있다. 실제 달라이 라마 법왕은 거의 매일 인도인의 여러 친구와 어울리고 인도인이 주최하는 회의나 대학에서 강연하는 일도 자주 있었습니다.

거듭 개최되는 법왕의 불교 공개강의 장소로 발길을 옮기는 인도인도 적지 않습니다. 그 대부분은 히말라야 지방(티베트 문화권과 겹친다.)의 주민이라고 할 정도로 압도적인 다수를 차지하는 것은 역시 티베트인들이며, 청중 전체로 보면 인도인은 소수파라고 할 수 있습니다. 그렇기 때문에 이들 청중들을 위해 달라이 라마 법왕이 이야기하는 내용의 대부분은 티베트인을 상대로 강의하거나 법문하는 것이 되고 맙니다.

1986년 10월에 행해진 강의의 대상들은 현대문화를 받아들이고, 그것에 의해 생활을 유지하는 도시인들이기 때문에 법왕의 훌륭한 설법도 보통 때와 달랐습니다. 이 만남은 놀라울 만큼의 성과를 거두었습니다. LTWA는 인쇄의 힘에 의해 이 강의를 보다 폭넓은 청중에게 되돌려 주는 것을 기쁘게 생각합니다.

불교는 종교이지만 법왕이 꿈꾸는 불교의 전체적인 모습은 우리의 생활에 행복과 평온한 삶을 위한 목적과 의의를 인식시키고, 자연환경과 조화를 계속 유지하며 살아갈 것을 증명하는 것입니다.

법왕이 본서에서 보여주는 밀교 명상법에는 그와 같은 목적이 그려져 있습니다. 다섯 분의 부처를 끊임없이 명상하고, 부처에 의해 상징되는 지혜와 자비의 5가지 덕성으로부터 영감을 끌어냄으로써 인생을 행복과 평온함, 목적과 의의로 가득 채울 수 있는 것입니다.

인도 히마찰 프라데쉬(Himachal Pradesh)주(州)
티베트 정부 도서관장 갯쵸 체린

머리말

  인도에서 발생된 불교는 여러 가지 문제로 인해 인도 본토에서는 소멸의 길에 들어섰다. 힌두교의 경향이 짙어지고, 힌두교에 흡수된 불교는 독립된 하나의 종교로서 존재의 이유를 잃었기 때문이다. 때로는 석존을 동물의 모양, 때로는 사람의 모습을 취해 나타나는 비슈누(힌두교의 삼주신(三主神)의 하나)의 10가지 화신의 9번째로 여겨지게 되었다.
  힌두교는 화신이라는 개념의 관용의 종교이며 특히 비슈누에 새로운 사회적 역할을 부여한다는 생각을 환영한다. 다르마(진리)가 위기에 봉착하면 비슈누가 즉시 바이쿤타를 떠나 바른 질서를 회복하기 위해 지상적인 모습을 취해 출현한다. 그러한 까닭으로 이 오염되고 혼탁한 시대에 자비의 부처인 관음의 화신으로 보이는 달라이 라마 법왕은 인도에서 특이한 지위를 획득하게 된 것이다.
  인도에 망명한지 벌써 30여년, 달라이 라마 법왕과 인도 사람들은 특별한 인연을 맺기에 이르렀다. 다채로운 종교와 살아있는 신(神)들이 넘치는 인도에 있어서 달라이 라마 법왕은 심원한 지혜와 자비, 통찰력을 가진 정신세계의 도사(導師)로서 널리 존경을 받고 있다.
  가난한 농민으로부터 대학생, 성공한 비즈니스맨으로부터 활동적인 사회 운동가, 티베트의 정치 문제를 옹호하기를 좋아하지 않는 정치가

나 공무원에 이르기까지 달라이 라마 법왕의 축복을 구하기 위해 찾아오는 것이다. 달라이 라마 법왕은 회의와 낙성식, 종교교류의 모임 여기저기서 서로 모셔가려고 야단이며, 개인적인 알현을 원하는 사람의 수는 헤아릴 수 없을 정도로 많다.

달라이 라마 법왕은 또한 거슬러 올라가면 수천 수백 년 전 티베트에 불교를 전해주고, 현재 수십만에 이르는 티베트 난민을 받아들여주는 인도를 「정신적 고향」으로 생각하고 있다. 인도로 망명한 뒤 인도의 원조가 있었기 때문에, 티베트 난민들도 자신들의 전통 문화를 유지할 수 있었다. 인도에 있어서도 달라이 라마 법왕은 불교를 그 탄생지에 다시 되돌려 주는 존재이다. 서양에서는 자칫 그냥 지나치기 쉽지만, 인도가 불교 국임을 포기한지 이미 오래다.

불교는 열심히 포교를 하는 종교는 아니지만, 오늘날 불교는 달라이 라마 법왕의 부드러운 미소에 실려 전 세계로 포교되고 있다. 전달되는 것은 신중하고 생생한 메시지이지만, 그 웃는 얼굴을 보고 있으면 여행이 즐거운 것임을 예견할 수 있는 것이다. 달라이 라마 법왕은 매일 수행을 실천하는데, 이에 걸맞는 불교의 가르침이 무엇인가? 라는 요구에 응해 이 일련의 강의를 하셨다.

청중은 수준 높은 교육을 받고 도시에서 생활하는 인도인 15명, 대부분이 스스로를 불교도 또는 힌두교도로 인정하는 사람들이다. 3일간 계속되는 강의이므로 15명은 그룹을 만들어 수도 델리에서 달라이 라마 법왕이 머물고 있는 다람살라(Dharamsala)를 향해 왔다. 그들은 테러로 황폐해진 펜쟈브를 통과하여 많은 봉우리를 뒤로하고 다람살라에 도착했다. 강연은 법왕과 인도인 청중의 쌍방 간에 격의 없는 대화와 질문을 통해 진행되었으며, 다음해 10월에는 뉴델리에서 규모가 더욱 커진 75

명의 인도인 청중을 상대로 강의가 개최될 정도였다.

본서는 이 두 번의 강의의 내용을 근거로 하여 편집되었다. 달라이 라마 법왕의 이야기를 한번이라도 들은 사람은 말할 수 없이, 법왕의 개성과 그 다채로운 언어와 대화 능력을 활자로 재현하는 것은 불가능하다고 느낄 것임에 틀림없다. 가르침의 대부분은 티베트어로 이루어지고 통역에 의해 정확한 영어로 옮겨져 갔다.

그것을 완전히 일깨우는 것은 법왕 자신의 폭소, 이것은 금세 청중들의 웃음을 자아내고, 또 스스로 영어로 말할 때 청중과의 사이에는 더욱 진한 친밀감이 배어 나오는 것이었다. 법왕의 법력과 열정이 넘치는 말투에 청중들은 때로는 도취하고, 때로는 자기가 아직 거의 각성되어 있지 않다는 생각에 사로잡히기도 했다.

강의는 매일 매일의 일상생활, 현교(소·대승불교)와 밀교가 적당히 균형을 유지한 형태로 행해지고, 개인적인 명상과 이타행(利他行)이 권장되었다. 강연 도중 법왕은 청중들의 질문에 대해 성심성의껏 대답을 하시고, 만약 잘 알지 못하는 부분에 대한 질문에 대해서는 "모릅니다."라고 대답하기를 주저하지 않았다.

시종일관 풍부한 지식과 상냥하고 세련된 태도로 청중들을 편안하게 해주었다. 수행에 관하여 아무리 많은 독서를 하더라도, 실천을 통해 몸소 체험하는 이상의 효과와 힘을 얻을 수는 없다.

강의는 불법(佛法)의 여러 곳을 짚어 가는 형식으로, 밀교의 전통에서 만들어낸 하루하루의 명상법을 기반으로 전개하였다. 밀교의 전통에서는 가르침이 스승에게서 제자에게로 도중에 중단되는 일 없이 전해져 가는 것이 요구된다. 그리고 최고 수준의 밀교의 명상이 되면, 관정의식(灌頂: 밀교의 입문의식)을 행하고 뒤얽힌 명상 테크닉을 마음에 받아들이도록 한다. 물론, 수행의 단계를 체계적으로 밟기에는 숙련된 전문가의 도움이 불가피하다.

그러나 달라이 라마 법왕이 본서에서 기록한 명상법은 정식의 관정의 례는 요구되지 않는다. 이 명상법은 명상의 호기심을 자아내어 시도해 보고 싶다고 원하는 사람들의 마음에 종자를 뿌리기 때문이다. 실제로 정식으로 관정과 보살계를 받은 그룹의 많은 사람들의 증언에서도, 이 것이 영감에 찬 훌륭한 명상법임은 분명하지만, 특별히 관정을 받는 것을 전제로 강의가 진행되어진 것은 아니다.

힌두교의 일반통념에서는 탄트라(밀교)의 전통에는 무언가 의문스러운 점이 항상 붙어 다닌다. 영국에 의한 인도 식민지시대 서양의 저술가들이 탄트라를 비난했으므로 후에 그 영향이 지금도 남아 있다고 볼 것인지, 혹은 힌두교 그 자체가 이국 침략의 영향 아래서 변화 발전해 가는 동안 탄트라 전체에 침투한 성적(性的)요소를 오해하게 된 것인지도 분명하지 않지만, 분명히 인간을 몰아 세우는 기본적인 요소의 하나는 탐심과 욕망이다.

밀교의 체계는 이 사실에 의거하고 있다고 말할 수 있으며, 욕망이라 하는 것은 성적인 욕망만을 한정하는 것은 아니다. 불교의 가르침에 의하면 어떠한 인간이라도 행복하기를 바라지, 불행을 바라지는 않는다. 인간은 불행을 완전히 단절하고, 영구적인 행복을 달성할 수 있는 잠재능력을 가지고 있다.

불교계의 탄트라에서는 혹시 자기의 에너지, 특히 욕망의 에너지를 모두 끌어 낼 수 있다면, 놀라울 만큼의 변화가 가능할 뿐만 아니라, 신속히 그러한 경지에 이르는 일조차 가능하다고 주장한다. 교묘히 이용할 수 있다면 욕망은 무엇보다 귀중한 원천이 될 수 있다. 왜냐하면 욕망이야말로 인간을 움직이게 하는 가장 역동적인 원동력이기 때문이다. 우리들은 욕망을 효과적으로 이용할 능력을 유지하여 항구적인 행복을 성취해야만 한다. 불교 탄트라의 행자와 「부정한」 쾌락을 쫓는 잔 재주꾼인 나쁜 행자(힌두교의 전통이 매우 괴롭고 공포를 느끼는 것은 이러한 타입의 탄트라 행자에 대한 것이다.)를 구별하는 것이 그 목적이다.

불교의 탄트라 행자는 욕망을 지배하는 것을 목적으로 한다. 달라이 라마 법왕은 수행의 기반으로써, 또 내적인 골자로써 이타심(利他心)은 어떠한 행동을 취할 때에도 이타행(利他行)을 증가시키는 방향으로 지향하지 않으면 안 된다고 강조한다. 우리들은 마음을 이타심(利他心)으로 채우고 수행 목적을 상기하는 수단으로 저술이나 언어를 사용한다. 달라이 라마 법왕이 사용한 텍스트의 하나《마음을 훈련하는 8가지 게송(詩頌)》의 진수는 여기에 있다. 강의를 하여 인쇄물로써 많은 청중에게 제공하는 것을 허락해준 달라이 라마 법왕에게 감사할 것은 말할 것도 없다. 우리들이 여기에 어울리는 존재인지 어떤지는 우리들 자신의 노력에 달려있다.

강의에 출석할 수 있었던 사람들을 대표해서 우선 톱템 지바 선생에게 감사한다. 그는 통역으로써 훌륭한 역할을 해주었을 뿐만 아니라 강의 후에도 귀중한 시간을 할애해 주셨다. 달라이 라마 법왕의 프라이베트 오피스의 텐진 케톱씨와 뉴델리 대표사무소의 타시 운디씨는 강의를 준비해주었다.

많은 사람들의 노력을 하나로 모아 본서의 출판을 위해 힘써준 티베트 공문서 도서관장 갯쵸 체린씨에게는 특히 깊은 감사를 표한다.

인도, 뉴델리.
라지브 메로틀라

제1장 하루하루의 삶과 마음가짐

티베트 불교의 성격 18
인과(因果)와 연기(緣起) 23
마음의 분석 28
공성(空性)의 분석 36
질의응답 38

1절. 티베트 불교의 성격

불교를 설명하는 방법은 두 종류가 있습니다.

하나는 교사가 스승(guru)으로서 이야기하고, 때로는 공양의식을 행하여 가르침 전에 제자는 스승에게 물품이나 마음에 의한 공물(명상 가운데는 불교관에 근거한 우주체계 등을 스승으로 받든다)을 받들어 경의를 나타내고, 존경과 믿음을 강조하는 것입니다.

또 하나는 스승과 제자라는 형식을 버리고 불교에 관해서 서로 토론하는 것입니다. 이번 강연에는 후자의 방법을 취해 특별한 교재를 이용하지 않고, 석존이 가르치신 가르침의 진수를 이야기하려고 합니다.

어때요, 여러분 자유롭게 질문해 주십시오.

하지만 티베트에서 전통적으로 전해져오는 불교에 대해서 극히 기본적인 지식을 얻는 것도 중요하겠죠. 티베트에서는 스승으로부터 제자에게로 가르침의 법맥(法脈)이 중도에 끊어지지 않고 전해져 내려오고 있으며, 불교의 전통이 살아 숨쉬는 형태로 유지되어 왔습니다. 인도나 네팔 등에 있는 소규모의 티베트 망명사회에는 불교 수행을 통한 특이한 수행체험이 살아 있습니다.

아까 말씀드린 것처럼 여기는 비공식적인 토론 장소이므로 불교 승려로서 고타마 붓타(석존)를 예찬하는 시를 낭송하고 싶습니다.

멸하지도 않고 살아나지도 않는
단절되지도 않고 항상 하는 것도 아닌
하나도 아니고 다르지도 않은
오는 것도 지나간 것도 아닌 의존성(연기)은
편안히 언어의 허구를 초월한다고 불타(佛陀)가 말씀하셨다.
최고의 설법자에게 정례드립니다.

여러분은 이미 알고 계시리라 생각합니다만, 불교에는 소승불교와 대승불교라는 두 개의 커다란 흐름이 있습니다. 소승불교의 체계는 석존이 대중 앞에서 말씀하신 것이고, 대승불교는 이미 석존의 제자가 된 그룹에 대해 말씀하신 것입니다. 대승불교에서는 마음을 훈련하고 억제하기 위한 수행법, 특히 밀교에서는 몸 안의 미세한 에너지와 챠크라를 활성화하는 기법을 가르칩니다.

티베트에서는 과거 몇 세기에 걸쳐 소승·대승·밀교의 가르침이 완벽한 형태로 보존되어 개개인에 의해 실천되어져 왔습니다. 저 자신을 예로 들어보면 저는 소승불교의 진수를 이루는 율장(律藏)에 따라 비구계(소승불교의 율에 규정된 완벽한 계율)를 받아 계율을 지키면서 승려로서 생활을 하고, 그에 따라 행동을 하고 있습니다.

티베트 전통에서는 비구는 253개의 계율을 지키지 않으면 안 됩니다. 그 뿐만 아니라 저는 매일 마음을 평정하게 유지하는 명상법인 지(止)를 행하고 또 진리를 터득합니다. (觀 또는 비파사나) 지(止)도 관(觀)도 소승불교에 근거한 수행법입니다.

　매일 매일 수행의 요점은 대승불교에 근거하는 보리심, 가엽게 여기는 마음(悲), 자비를 베푸는 마음(慈)입니다. 또 보시(布施)·지계(持戒)·인욕(忍辱)·정진(精進)·선정(禪定)·지혜(智慧)의 6가지의 완성의 행(行), 즉 육바라밀행(六波羅蜜行)을 닦지 않으면 안 됩니다. 이것도 대승불교의 수행입니다.

　또한 밀교의 수행인「본존(本尊)의 요가」를 부처와 부처들이 사는 누각에서 명상합니다. 이렇게 티베트에서는 소승·대승·밀교의 세 가지 수행을 동시에 행하고 있는 것입니다. 이것이 바로 티베트 불교의 특징이고, 수행방법의 깊이와 넓이라 할 수 있습니다.

　간단히 이해하기 위해, 석존이 말씀하신 가르침을 행위와 사상의 두 가지로 나누어 봅시다. 불교도다운 행위란, 비폭력 즉 남을 해치지 않는 것입니다. 여기에는 타인에게 봉사하고 타인을 위해 일하는 것도 포함됩니다. 세계 종교의 대부분은 비폭력을, 배려의 마음과 좋은 마음가짐을 갖도록 설명하고 있습니다. 전 인류에게 이로운 행위를 하도록 권장하는 점은 불교 이외의 어떤 종교도 마찬가지입니다.

　이 목적을 달성하기 위해 여러 가지 철학이 생겨났습니다. 이것은 사람들 각각이 가지고 있는 성격과 취향이 다르기 때문입니다. 사람들이 각자에게 어울리는 실천을 하면, 다른 사람에게도 한층 더 커다란 효과를 줄 수 있는 철학이 될 수 있습니다. 그러므로 자기의 성격과 흥미에 가장 잘 맞는 철학을 실천하면 좋습니다.

　철학체계는 각자 달라도 가르침의 요점이 되는 것은 마음의 훈련, 또는 억제와 상대를 배려하는 마음을 기르는 것입니다. 이러한 관점에서

두 개의 다른 종교를 비교해 보고, 불교가 어떤 영적인(정신적인) 관점에 입각하고 있는가를 검토해 봅시다.

어떤 종교는 신을 조물주로 우리들을 피조물로 파악합니다. 최종적으로는 모두가 신에게 의존하고 신의 뜻대로 행동하는 것이 영구적인 행복과 연결된다고 합니다. 인간은 극히 보잘 것 없는 존재이고, 신(神)만이 전지전능하다고 합니다. 모든 것은 신의 손안에 있고, 신의 의지를 거역하여 행동하는 것은 절대로 허용되지 않습니다. 그것이 인간의 바른 품행과 정신적인 만족감을 줍니다.

반대로 회의적인 접근을 허용하고 모든 것이 상호의존하고 있다는 사실에 중점을 두는 종교철학도 있습니다. 모든 것은 전지전능한 조물주의 손안에 있는 것이 아니라, 스스로의 손안에 있다는 것입니다. 이러한 이해를 얻은 사람은 또한 정신적인 만족감을 얻고 도덕적인 행동을 한다고 합니다.

불교는 후자의 접근을 취합니다. 혹시 누군가가 남을 해(害)하는 행위를 범하면 석존의 바램에 빗나갔다고 말할 수 있습니다만, 그것 자체가 그다지 큰 의미를 갖고 있는 것은 아닙니다. 석존은 우리가 바라는 행복도, 꺼려하는 불행도 모든 것은 자기의 원인에 의해서 생겨난 것이며, 그 원인이란 우리들 자신의 행위라고 말하고 있습니다.

우리들은 자신의 운명을 조정할 수 있습니다. 불교에서는 조물주를 말하지 않습니다. 궁극적으로 조물주는 우리들의 마음입니다. 마음은 본질적으로 청정(淸淨)합니다. 선한 동기를 가지고 언어활동과 신체적 활동을 행하면 반드시 바람직하고 유익한 결과가 생겨날 것입니다.

반대로 번뇌에 빠진 거친 마음으로 거칠고 난폭한 언어를 사용하면,

자연히 다른 사람에게 상처를 입히고 해를 끼치게 됩니다. 그러면 그 결과로써 불행하고 괴로움을 느끼는 상황이 생겨납니다. 자신이 겪고 있는 괴로움의 원인을 다른 사람에게 떠넘길 수는 없습니다. 비난을 짊어져야 할 것은 자기 자신, 스스로를 책망할 수밖에 없는 것입니다.

이렇게 불교도는 전지전능한 조물주가 아니라 모든 것은 자기가 만들어내는 것이라고 주장합니다.

2절. 인과(因果)와 연기(緣起)

석존은 사람이 해야 할 행위와 비폭력을 이야기하였지만, 다른 한편으로는 올바른 견해로써 연기(의존성)를 말씀하고 계십니다. 모든 것이 여러 가지의 원인과 조건이 상호간에 서로 결합하여 이루어지고 있는 것이, 즉 불교에서 말하는 연기입니다. 우리들이 바라는 행복도 어떤 원인의 결과라면, 우리들이 꺼려하는 불행도 또한 어떤 원인의 결과인 것입니다.

또한 우리들이 혹시 행복만을 바라고 불행을 꺼려한다면 우선 행복의 원인이 되는 싹을 키우며, 불행의 원인이 되는 싹을 제거할 필요가 있습니다. 연기의 가르침을 더욱 자세히 설명한 것이 12연기입니다. 이것은 무명(無明 - 번뇌로 인하여 불법의 근본을 이해 못하는 정신 상태)에서 노사(老死)에 이르기까지 12항목의 계열을 세우고, 사람들의 괴로움이 어떻게 하여 성립하는 것인가를 설명하는 것입니다.

12연기는 수레바퀴(윤회)의 형태로 설명됩니다. 즉, 최초의 항목인 무명(無明)으로부터 시작되어 마지막 항목인 노사(老死)에서 끝나는 것이 아닙니다. 이 12연기의 각 항목은 결과로써 윤회세계로의 재생을 초래하는 순간순간 무명(無明)의 여러 가지 활동을 나타내고 있는 것입니다.

이것은 끝이 없는 사이클입니다.

여기에서 다시 한번 강조해둡니다만, 행복도 괴로움도 연기에 의해 설명할 수 있습니다. 즉, 우리들이 직접 경험하는 행복도 괴로움도 여러 가지 원인의 결과에 지나지 않습니다. 석존은 경전에서 모든 것은 스스로의 행위 또는 스스로가 만들어낸 인과에 지나지 않고, 특별한 행위는 반드시 특별한 결과를 발생시킨다고 설명하고 있습니다. 그것 이외의 조물주는 없습니다.

이러한 인과의 과정으로부터 동떨어진「나」라는 것도, 다른 사람에게 의존하는 일이 없는 독립된 실체로 존재할 수 없습니다. 석존은 원인과 결과를 두 개의 그룹으로 나누었습니다. 하나는 번뇌에 빠진 인과의 과정, 예를 들면 나쁜 생각을 품은 결과로써 고통을 얻는 경우입니다. 다른 하나는 인과라는 점에서 비슷하지만 좋은 원인과 좋은 결과의 조합입니다.

석존은 최초의 설법〔初轉法輪〕때 네 가지의 성스러운 진리(사성제)라는 형태로 이 가르침을 말씀하셨습니다. 제1의 진리는 고통과 관련된 진리입니다〔苦諦〕. 고통에도 고고(苦苦)·괴고(壞苦)·행고(行苦) 등 3가지 종류가 있습니다.

고고(苦苦)란 사람이나 동물 등이 정신적, 육체적으로 경험하는 극히 평범한 고통입니다.

괴고(壞苦)란 변화의 괴로움을 말합니다. 예를 들면 매우 목이 마르다든가 배가 고프다든가 하는 것입니다. 우리들은 그것이 무엇인가를 사용함으로써 먹거나 마시거나 합니다만, 그것을 통과하면 이번에는 다른 괴로움이 발생하는 것입니다.

괴고(壞苦)는 특히 개발도상국에서 경험하기 쉬운 고통입니다. 개발도상국의 사람들은 새로운 물건을 소유하면 행복한 기분이 듭니다. 새로운 카메라, 새로운 텔레비전, 새로운 자동차 등을 갖게 되면, 그 순간 하늘이라도 오를 것 같은 기분입니다. 그러나 어느 순간 행복은 점차 사라지고 반대로 소유한 물건이 괴로움이 되어 옵니다.

금방이라도 그것을 버리고 새 물건을 소유하고 싶어집니다. 그래서 재차 신제품을 소유합니다만 마찬가지 현상이 일어납니다. 처음에는 커다란 만족감과 행복감을 느끼더라도 머지않아 새로운 것을 갖고 싶은 마음으로 안달이 납니다. 이것이 변화의 고통 괴고(壞苦)입니다.

3번째 타입의 고통은 행고(行苦)입니다. 이런 종류의 고통의 주요원인은 우리들 심신의 구성요소의 집합체인 육체입니다. 이 육체는 번뇌와 번뇌에 빠진 행위의 산물인 것입니다. 이들 3가지 타입의 고통에 관해서는 고통에 관련된 진리, 고제(苦諦) 가운데에서 설명하고 있습니다.

고통으로부터의 해방이 열반 또는 해탈입니다. 그렇다하더라도 고고(苦苦)나 괴고(壞苦)에서 해방되는 것만으로는 열반이라고 말할 수 없습니다. 예를 들면 여기에서 쾌적하게 앉아 있었다면 고고(苦苦)에서 해방되고 있습니다. 그러나 이러한 쾌적한 상황을 언제 빼앗길지 모릅니다. 그러한 의미에서 본다면 아직 괴고(壞苦)로부터는 완전하게 해방되어 있는 것은 아닙니다.

지관(止觀)이나 명상을 행함으로써 이들의 거친(표층적인) 행복이나 고통을 초월하여 고락이 없는 경지에 겨우 다다르는 사람도 있습니다. 이러한 사람들은 고고(苦苦)와 괴고(壞苦)의 두 가지 고통에서 해방되어 있지만, 번뇌와 번뇌에 빠진 행위의 산물인 행고(行苦)로부터는 아직 자유로워지지 못하고 있습니다. 행고(行苦)로부터 해방되었을 때 사람들은 열반에 도달합니다.

고통에서 자유로워지려면 고통의 근원을 잘 확인해 볼 필요가 있습니다. 이 고통에 대한 근원의 추구가 4가지 성스러운 진리의 두 번째 고통의 근원과 관련된 진리〔集諦〕와 관련되어 있습니다. 고통의 근원에도 두 가지 형태가 있습니다. 하나는 우리의 육체나 언어에 의한 행위이며, 다른 하나는 우리들 마음 가운데 있는 번뇌입니다.

예를 들면, 지금 이 순간 제가 상냥한 말을 걸거나 물리적으로 친절한 행동을 취하거나 하면, 이 장소에는 따뜻한 분위기가 감돌겠죠. 반대로 매도하거나 난폭한 행동을 취한다면 틀림없이 험악한 분위기로 바뀌고 팽팽한 긴장감이 감돌 것입니다. 이것이 즉각적인 반응으로 나타나는 행위의 결과입니다.

어떤 사람이 몸으로 어떤 행동을 한다던가 말을 한다던가 하면 스스로의 마음에 잠재세력인 훈습(薰習)을 불어넣습니다. 불어넣어진 의식을 「잠재세력의 일시적인 기반」이라 부르고, 그러한 의식의 소유자를 「잠재세력의 항구적인 기반」이라 부릅니다. 의식에 불어넣어진 잠재세력은 어떠한 형태로든지 결과를 발생시킵니다. 즉, 무언가의 행동을 한 사람은 빠르든 늦든, 그 행위의 결과를 스스로 받게 됩니다.

이것으로 우리들이 바라지 않는 고통을 경험하지 않을 수 없는 이유와 고통의 근원이 설명되었다고 생각합니다. 4가지의 성스러운 진리의 세 번째는 괴로움이 없어진 경지에 관련된 진리〔滅諦〕입니다. 고통에서 영원히 해방된 상태가 열반입니다.

바른 수행을 하면 금생에서 열반의 경지에 이르는 일도 가능합니다.

열반에 이르기 위한 수행의 길에 관련된 진리가 4가지 성스러운 진리 중에서 4번째 도제(道諦)입니다. 고통에서 해방되는 기반은, 고통에서 해방되는 주체가 되는 마음 혹은 의식입니다.

그러기 위해서는 지혜라는 특별한 덕성을 가진 극히 미세한(깊고 본원적인) 마음을 기르지 않으면 안 됩니다. 마음을 고통과 고통의 무게로부터 해방시키려면 우선 번뇌를 판단한 의식이나 공성(空性)을 깨달은 지혜의 상태에 관해 이해하고 여러 사물의 참된 본성인 법성(法性)을 깨달을 필요가 있습니다.

공성(空性)의 이해는 중요한 것이며, 매우 많은 해석이 이루어지고 있습니다. 인도불교에서는 설일체유부 · 경량부 · 중관파 · 유식파의 4개의 큰 학파가 각각 이 공성(空性)에 관해서 다른 해석을 하고 있습니다. 그 이외의 학파는 4개의 학파에서 파생한 것입니다.

네 가지의 성스런 진리[四聖諦]

- 고통에 관련된 진리[苦諦]
- 고통의 근원에 관련된 진리[集諦]
- 고통이 멸한 경지에 관련된 진리[滅諦]
- 수행의 도에 관련된 진리[道諦]

3절. 마음의 분석

 깨달음에 이르기 위해서는 마음의 정화와 훈련이 반드시 필요합니다. 거기에는 우선 마음이 어떠한 것인가를 이해하지 않으면 안 됩니다. 티베트 불교의 겔룩파(Gelugpa)에서는 20년에 달하는 불교 박사과정에서 불교논리학에 관련지어서 마음, 혹은 의식의 인식에 대한 본연의 상태를 여러 가지 관점에서 분석하고 분류하여 마음의 인식 상태를 공부합니다.

 불교 경전에서는 무엇인가가 존재하고 있는지 아닌지는 바른 인식수단에 의해 인정되는지 어떤지에 달려있다고 설명하고 있습니다. 바른 인식 수단에 의해 인정되면 존재하고, 인식되지 않은 것은 존재하지 않습니다. 존재하는 것은 두 종류의 카테고리로 나뉘어 집니다.

 생멸변화(生滅變化)하는 것과 허공과 같이 항상 존재하는 것입니다. 처음의 것은 원인과 조건에 의해 생기므로 「만들어진 것〔有爲〕」으로 불립니다. 반대로 인과관계를 떠난 상주불멸〔常住不滅〕하는 것은 「만들어진 것이 아닌 것〔無爲〕」이라 불립니다.

 이것에는 여러 가지 카테고리가 있습니다. 형태나 색채 등 시각의 대상이 되는 것, 청각의 대상이 되는 것, 미각의 대상이 되는 것, 후각의 대상이 되는 것, 촉각의 대상이 되는 것 등이 모아져 물리적 현상〔色〕을 구성합니다.

또 마음이나 지혜와 같이 물질적 특성을 갖지 않은 현상〔無色〕도 있습니다. 또한 윤회의 주체인 개인적인 존재나 시간과 같은 추상적인 현상도 있습니다. (心不相行法=사물과 마음간의 관계나 개념) 즉 물질적 현상과 마음, 그 어느 쪽으로도 분류할 수 없는 현상의 3가지로 나뉘어 집니다.

존재하는 것
(1) 원인이나 조건에 의해 만들어진 것〔有爲〕
　① 물질적 현상〔色〕
　　・시각의 대상, 청각의 대상, 미각의 대상, 후각의 대상, 촉각의 대상 등
　② 마음의 본체〔心〕
　　・눈・코・귀・혀・몸의 5가지 의식 및 마음의 의식
　③ 여러 가지 마음의 작용〔心所〕
　　・5가지의 변화가 없는 것〔五遍行〕
　　・5가지 특수한 대상에만 작용하는 마음의 작용〔五別境〕
　　・11가지의 선(善)
　　・6가지의 근본 번뇌
　　・20가지의 부수 번뇌
　　・4가지의 일정한 작용이 없는 마음의 작용〔四不定〕
　④ 물질에도 마음에도 없는 것〔心不相應行〕
(2) 원인이나 조건에 의해 만들어지지 않고 불멸한 것〔無爲〕
　　・허공, 열반 등

1) 6가지 주요 의식과 부차적인 의식

　마음도 6가지의 의식과 부차적인 의식 2가지로 분류할 수 있습니다. 6가지 의식이란 눈·귀·코·혀·몸의 5가지 감각기관의 작용에 의해 생기는 5가지 의식과 마음의 의식을 말합니다. 부차적인 의식은 감각기관에 의하지 않고 발생하여 6가지 의식에 동반됩니다. 일설에 의하면 부차적인 의식인 심작용(心作用 : 心所)에는 51종류의 작용이 있다고 합니다.
　그 안에는 「5가지 변함없는 것〔五遍行〕」 - 고락의 감수〔受〕, 대상의 모습을 마음에 취하는 표상작용(表象作用 : 想), 대상에 주의를 돌리는 작용〔作意〕, 마음의 동기〔思〕 마음의 내계(內界)와 외계(外界)의 접촉〔觸〕도 포함됩니다. 눈의 의식에서 마음의 의식에 이르기까지의 주요한 6가지의 의식은 반드시 「5가지 변함없는 것〔五遍行〕」을 동반합니다. 그러므로 「변함없는 것」이라 불리는 것입니다.
　이외의 다른 심작용(心作用)은 중요한 6가지의 의식에 동반하여 나타나는 일이 있으며, 나타나지 않는 일도 있습니다. 그 외에도 「5가지 특수한 대상에만 작용하는 심작용〔五別境〕」, 「11가지의 선」, 「6가지의 근본번뇌」, 「20가지의 부수적인 번뇌」, 「4가지의 일정한 작용이 없는 마음의 작용〔四不定〕」이 있습니다.

2) 눈의 의식이 생기는 과정

감각기관에 관계된 5가지의 의식은 3가지 조건에 의해 생겨납니다. 예를 들면 눈의 의식은 대상물, 눈이라는 감각기관, 직전의 의식이라는 3가지 조건으로부터 생깁니다. 또 책을 인식할 경우 눈의 의식이 책만을 파악하고, 테이블을 파악하지 않는다는 사실은 시각의 대상이 배타적인 것입니다. 이것은 눈의 의식이 어느 순간에 파악할 수 있는 대상은 하나뿐이라는 것을 나타냅니다.

《구사론(俱舍論)》에는 대상을 보는 것은 물리적인 눈이며, 의식(마음)은 아니라고 설명하고 있습니다. 모든 사물은 각각 하나의 본체와 하나의 기능밖에 가질 수 없다고 설명하는 것이 설일체유부(說一切有部)의 주장이며, 눈은 본다는 기능을, 의식은 인식한다는 기능을 담당하는 것입니다.

마음과는 별도로 외계의 대상세계가 존재하고 있는지 아닌지에 대해서는 여러 가지 견해가 있습니다만, 여기에서는 외계가 마음과는 별도로 존재하고 있다는 설에 따라 설명하겠습니다. 설일체유부는 인식의 대상이 되는 것은 모두 외계에 있고, 마음은 대상의 모습을 변화시키는 일없이 수정같이 그대로 반영한다고 설명합니다.

책이라는 대상이 원인이 되어 눈의 의식〔眼識:보는 것에 의해 생기는 인식〕이 발생하는 경우, 대상인 책을 소연연(所緣緣)이라 부릅니다. 책에는 그것을 인식하는 의식 속에 표상으로서 나타나는 특징이 있습니다. 눈의 의식이 색이나 형태를 인식하고 소리를 인식할 수 없는 것은 강한 영향력을 갖는 원인〔增上緣〕이지만, 여기에서 말하는 눈이라는 것은 감각기관이 있기 때문입니다. 단 이 2가지가 대상이라는 소연연(所緣緣)과 눈의 감각기관이라는 증상연(增上緣)이 갖춰져 있다 해도 반드시 눈의 의식이 생기는 것은 아닙니다.

 자고 있을 때나 무엇인가에 몰두하고 있는 경우 등 무언가를 보아도 그것을 알아차리지 못하는 일이 자주 있습니다. 이것은 눈의 의식이 발생하기 위해서는 또 다른 원인이 필요하다는 것을 나타냅니다. 그것은 대상을 인식한 눈의 의식이 생기기 전의 의식입니다. 이것을 직전의 원인[等無間緣]이라 부릅니다.

 대상이 있고 눈이라는 감각기관이 있더라도 뇌가 잘 인식하지 못하면 눈의 의식은 생기지 않겠지요. 이것은 뇌가 부가적 요소임을 나타냅니다. 그렇다 하더라도 뇌 그 자체에는 눈의 의식을 발생시킬 힘이 없다는 것을 생각하면, 또 다른 요소가 있다고 추정할 수 있습니다. 그것은 뇌에 의존한 마음의 의식(사고하는 마음)입니다. 눈의 의식뿐 아니라 귀의 의식이나 코의 의식 등 감각기관에 관계된 의식은 모두 마찬가지로 대상과 감각기관에 의해 생겨납니다.

눈의 의식이 생기는 과정

- 대상물〔所緣緣〕
- 눈이라는 감각기관〔增上緣〕
- 직전(直前)의 의식〔等無間緣〕

▷ 눈의 의식

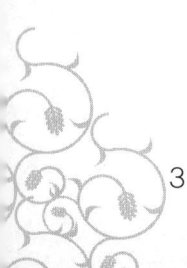

3) 의식의 여러 가지 기능

    감각기관에 관계하는 의식은 무분별 즉 대상을 분석, 구별하여 고찰하는 일을 하지 않습니다. 개념적 사고를 나누지 않고 대상자체를 직감합니다. 그런데 제가 이 책을 극히 평범하게 바라보더라도 무언가의 요소가 나에게 이 책이라는 일개의 물질적 대상으로 주의를 집중시키는 일을 강요하는 것입니다.
    또 앞에서 설명한 것처럼 어떤 색이나 형태에 마음이 끌려 있다면 소리가 나더라도 귀에 들어오지 않고 기억에도 남지 않습니다. 마찬가지로 좋은 음색(音色)에 몰두해 있으면 어떤 것을 보아도 알아채지 못하고 나중에 생각해낼 수도 없습니다.
    이러한 점에서도 감각기관에 의존하지 않는 의식, 즉 마음의 의식이 있다고 이해할 수 있습니다. 마음의 의식도 개념을 개입시키는 것과 개념을 개입시키지 않는 두 가지로 나눌 수 있습니다. 개념을 개입시키지 않는 것은 직접지각〔現量〕이라고도 부릅니다. 직접지각 가운데서도, 자기 지각이 존재하는지 아닌지에 대해서는 학파간에 다른 이론들이 보이고 있습니다.

직접지각(直接知覺) 1)

- 감각에 의한 직접지각 : 5개의 감각기관에 의해 생기는 지각으로 색채·음성·냄새 등을 대상으로 한다.
- 마음에 의한 직접지각 : 감각기관에 의해 생긴 직접지각을 직전인(直前因)으로써 발생한 지각
- 요가 행자의 지각 : 진리를 열심히 계속 명상한 결과 최후에 얻어지는 지각으로 수행에 의해 얻어지는 신안(神眼) 등도 그 종류이다.
- 자기지각 : 대상을 파악하는 의식을 관찰하는 마음. 경량부(經量部), 유식파(唯識派) 등에 의해 주장되었다.

이와 같이, 감각기관에 의한 직접지각과 마음에 의한 직접지각과 요가행자(行者)의 지각 등 이 3가지는 모든 학파에서 받아들이고 있습니다. 마지막 것은 명상에 의해 얻어지는 지각입니다. 의식을 그 기능 면에서 분류하면 올바른 인식과 바르지 않는 인식이 있습니다. 바람직한 결과를 얻기 위해서는 올바른 인식을 따를 필요가 있습니다.

올바른 인식이란 직접지각과 추론(推論)입니다. 직접지각은 대상을 분석하는 일없이 그 고유의 상태를 파악하고, 추론은 개념(언어)을 개입시켜 직접적으로는 지각할 수 없는 것을 올바른 증인(證因)에 따라 논증합니다.

바르지 않은 인식이란 어떤 대상에 대해 틀린 인식을 하는「오진지(誤

---

1) 직접지각 : 불교에서 말하는 직접지각[現量]이란 헷갈림이 없이 개념이나 말을 떠나 대상 있는 그대로 모습으로 직관하는 것. 무아나 공성(空性)이라는 불교의 진리는 처음에는 개념으로써 밖에 이해할 수 없지만, 명상을 통해 진리로 물들어 가면 최종적으로는 개념을 넘은 세계에서 진리를 깨닫기에 이른다. 이것이 요가 행자(行者)의 지각이다.

診知)」, 옳고 그름을 정하기 어려운 「의심」, 대상이 의식에 나타나 있지 않지만 의식이 다른 것에 마음을 뺏기는 등의 이유로 확실히 인지할 수 없는 「불명료한 지각」 등 3종류입니다.

「의심」에도 올바른 것과 다른 것, 올바르지도 틀리지도 않는 것의 3종류가 있습니다. 오진지(誤診知)에도 여러 가지 수준이 있습니다만, 그것을 바르게 하기 위해 여러 가지 마음의 훈련법이 설명되고 있습니다.

여러 사물에 영구불변의 실체가 있다는 잘못을 굳게 믿고 있는 마음〔誤診知〕을 퇴치하는 데는 올바른 논리의 이치가, 그것이 과연 진리인지 진리가 아닌지 하는 논증이 필요합니다. 올바른 가르침을 듣는 도중에 점차 의심이 생겨가고 논증에 근거한 고찰을 더해 가는 사이에 그 의심이 또한 미세하게 되어 가고, 결국은 올바른 근거에 기초한 인식과 추론에 도달합니다.

그러나 추론에 다다르는 것이 아니라, 또한 마음의 의식 속에 대상이, 예를 들면 공성(空性) 등이 개념이나 이미지 없이 직접 마음에 떠오르지 않으면 안 됩니다. 이것이 마음의 본질에 관련된 극히 기본적인 설명입니다.

여기에 대해 상세한 이해를 하기 위해서는 또한 의식의 각각 대상, 대상을 아는 주체, 의식의 대상의 관련방법을 우선적으로 이해하지 않으면 안 됩니다.

4절. 공성(空性)의 분석

　모든 사물은「긍정적 존재」와「부정적 존재」2가지로 분류할 수 있습니다. 어떤 대상이「긍정적 존재」인지, 아니면「부정적 존재」인지는 개념적 의식 속에 그것이 어떠한 형태로 나타나는가에 달려있습니다.

　「긍정적 존재」란 대립하는 요소(예를 들면「소(牛)」에 대립하는 것이란,「非牛=소가 아닌 것」)를 소극적으로 배제하는 형태로 인식되는 것이고,「부정적 존재」란 대립하는 요소를 적극적으로 배제하는 형태로써 인식되는 것입니다. 그러므로 개념을 개입시키는 의식도「긍정적 존재」를 인식하는 개념적 의식과「부정적 존재」를 인식하는 개념적 의식의 두 가지로 나눌 수가 있습니다.

　예를 들면, 이 책은「긍정적 존재」입니다. 책에 대립하는 요소, 즉「책이 아닌 것」을 넌지시 배제함으로써「그것은 책 이외의 것은 아니다」라고 인식할 수 있는 것입니다. 반대로「책이 아닌 것」이라는 부정적 존재를 인식하려면,「책이 아닌 것」의 대립요소, 예를 들면「책」이나「테이블」등을 적극적으로 배제함으로써「책이 아닌 것」의 존재라 인식되는 것입니다.

　감각기관에 의한 인식은 대상을 직접적, 긍정적으로 파악하지만 개념적 의식은 대상에 대립하는 요소를 배제, 부정하는 것에 의해서만 대상을 파악할 수가 있는 것입니다. 일반적으로 부정적 존재를 15종류로 분류할 수 있는데, 크게 나누면 긍정적 부정과 아무 것도 긍정하지 않는 절대적 부정으로 나눌 수 있습니다.

예를 들면,「이 바라문교는 술을 마시지 않는다.」라는 문장은 절대적 부정입니다. 이 기술(記述)은 바라문교의 음주를 부정하고 있는데, 술 이외의 것을 마신다고는 암시하고 있지 않습니다.

긍정적 부정이란, 무엇인가를 부정함으로써 넌지시 무엇인가를 긍정하게 되는 부정입니다. 긍정적 부정에도 4종류, 다른 사물을 명확하게 암시하는 것, 다른 사물을 언외(言外)로 암시하는 것, 명쾌하게도 언외(言外)로도 암시하는 것, 문맥에 의해 다른 사물을 암시하는 것이 있습니다.

다른 사물을 언외(言外)로 암시하는 실제의 예를 들어보면「어떤 살찐 남자는 점심식사를 하지 않는다.」라는 기술은 문장의 표현처럼 살찐 남자가 점심식사를 하는 것을 부정하고 있지만,「살쪘다」라는 표현에서 은근히 그가 밤에 무엇인가를 먹고 있는 것을 암시합니다.

문맥에 의해 다른 사물을 암시한다는 것은 A든가 B든가 어떤 가능성이 있을 때 A가 아니라고 부정되는 것이라면 자동적으로 B라는 것을 알 수 있는 경우입니다. 이러한 부정적 존재의 현상을 이해하는 것이 중요합니다. 왜냐하면 공성(空性)은 부정적 존재이며 부정과 배제라는 접근 밖에 취할 수 없기 때문입니다.

| 질 | 의 | 응 | 답 |

Q.
법왕은 사람마다 적합한 수행의 방법이 있다고 하셨는데, 어떤 수행법이 자기에게 가장 적합한지 어떻게 알 수 있을까요?

A.
처음에는 효과가 있는 것 같다라고 생각되는 수행법을 간단히 시도해 보십시오. 좀 더 높은 경지에 이르면 꿈이나 특이한 체험을 통해 도를 탐색해 갈 수가 있습니다. 분명히 세계종교는 모두 인간을 보다 좋은 존재로 변화시켜 간다는 점에서는 같은 목적을 갖고 있습니다. 그러나 각각의 종교전통에서 보면 크게 다릅니다.

예를 들면, 기독교는 인간이 최종적으로는 천국에 도달한다고 믿고 있지만, 불교나 고대 인도의 종교는 인간이 최종적으로 윤회로부터 해탈하고 열반에 도달한다고 믿고 있습니다.

불교 가운데에서도 열반의 정의는 여러 가지이며, 가령 설일체유부에서는 깨달은 사람이 죽을 때 얻는 대반열반(大盤涅槃), 완전한 깨달음의 경지에 이르면 마음이 모든 번뇌에서 해방되는 것이 아니고, 마음 그 자체에서 해방된다고 설명하고 있습니다. 즉, 대반열반(大盤涅槃)에 들어가면 이 이상 마음의 흔들림이라는 것은 존재하지 않는 것입니다. 설일체유부에 의하면 석존은 단순히 역사적 인물에 지나지 않고 현재 존재하지 않는 것입니다.

나가르주나(龍樹: AD150~250경 남인도 출신으로 《중론》 등 많은 논서를 쓰고, 대승불교의 이론적 기반을 부여함과 동시에 중관철학의 시조가 되었다.)는 이것을 부정

하고 열반 혹은 해탈은 마음이 모든 번뇌의 더러움에서 벗어난 상태라고 주장합니다. 마음 그 자체가 끝나는 것이 아닌 것입니다. 열반의 경지에 도달한 존재에 대해 말하고 있습니다.

이렇게 열반의 존재를 인정하는 학파 간에도 각각 해석이 다릅니다. 기독교 안에서 열반에 도달할 수 있는 기독교의 수행법이 있는가? 하고 물으면 대답은 '노~'입니다. 마찬가지로 불교도가 기독교의 천국에 들어갈 수 있는 불교의 수행법이 있는가 하고 물으면 그것도 역시 '노~'입니다.

불교에서 말하고 있는 열반의 경지에 이르기 위해서는 불교가 말하는 수행체계를 완벽한 형태로 행할 필요가 있습니다. 불교의 수행법에 전혀 흥미를 갖지 않는 사람도 있겠죠. 그러한 사람은 자기에게 맞는 수행법을 하면 좋을 것입니다.

Q.
불교의 수행법이 논리에 의한 것이라면, 말로 설명할 수 있는 초자연적인 체험을 무시하거나 고찰하지 않는 경향이 있는 것은 아닐까요?

A.
요가행자의 지각이라는 것이 있습니다. 지금 현재 우리의 대부분에게는 숨겨진 체험으로 추론에 의해서 밖에서 그 존재를 이해할 수 없습니다. 거친 수준의 마음으로 추론할 수 있는 체험이 있다면, 미세한 수준의 마음이 아니면 추론할 수 없는 체험도 있습니다.

| 질 | 의 | 응 | 답 |

　잠들거나 꿈을 꾸었을 때 마음은 각성시보다(깨어있을 때) 미세한 수준에 달하고 보다 거친 수준의 의식이 활성화되는 각성시(覺醒時)에는 불가능한 어떤 종류의 체험을 경험하는 것도 가능합니다.
　이 꿈을 꾸는 상태에서 어떤 종류의 미세한 고찰을 행하는 것입니다. 각성시에 우리들은 논증을 통해 의식이 무언가에 방해되는 일없이 대상을 아는 힘을 대상에 명료하게 비추어내는 힘을 갖고 있는 것을 추리할 수 있습니다. 논리에 의해 그 가능성을 고찰하고 입증할 수 있는 초자연적인 체험이 있다면, 꿈속의 체험과 같이 평상시 할 수 없는 수단에 의해서만 이해할 수 있는 것도 있습니다.

Q.
　꿈을 어떻게 해석하면 좋을까요. 꿈은 심리적으로 해석해야만 할까요? 그렇지 않으면 다른 해석 방법이 있는지요?

A.
　여기에서는 일반적인 꿈 이야기가 아니라 반복하여 보여지는 꿈에 관해 이야기를 하겠습니다. 중요한 꿈은 선잠이 들 때 꾸는 꿈이 아니라 새벽녘에 꾸는 꿈입니다. 새벽녘이 아니면 반복하여 몇 번씩 꾸는 꿈이라면 자세히 조사해 볼 가치가 있습니다. 이러한 꿈의 체험을 진지하게 생각하는 사람은 몸의 미세한 에너지[風]를 조절하는 어떤 종류의 요가의 도움을 빌어 의식 보다 깊은 수준으로 꿈을 고찰하는 것입니다.

| 질 | 의 | 응 | 답 |

이 수행에 의해 꿈은 보다 명료해 집니다. 그렇다하더라도 보통 꿈은 한낱 진실이 없는 거짓된 것, 환상 같은 것으로 해석하는 것이 좋겠지요. 불교의 최고 학파인 「중관귀진논증파(中觀貴珍論證派)」에 의하면 각성시의 우리들의 의식은 대상의 출현에 의존하므로 모두 미혹되어 있습니다. 각성할 때조차도 그러하므로 꿈을 꿀 때의 체험은 가장 그릇된 오류로 차 있다는 것이 됩니다.

Q.
의혹과 진실을 구별하려면 어떤 수행을 하면 좋을까요?

A.
궁극적인 진리에서 말씀드리면 각성시의 의식은 미혹에 차 있습니다. 그러나 세속의 진리(세상에서 일반적으로 승인하고 있는 진리)로 말하면 올바른 인식방법이라는 것이 있습니다. 올바른 인식방법에도 두 종류, 직접지각과 추론이 있습니다. 우리들 대부분이 매일 매일의 생활에서 추론을 사용하고 있습니다. 자기 자신을 위한 추론 즉, 자기 스스로가 이해하기 위한 추론(예를 들면 無常의 의미 등)이나 타인을 이해시키기 위한 추론(즉 논증)을 활용합니다.

추론의 결과 스스로 구축해온 세속의 진리가 애매한 것이라고 깨닫더라도 두려워할 필요는 없습니다. 업(業)의 법칙을 알고 세속세계는 고통 그 자체라는 것을 깨달음으로써 마음의 평정을 유지하고 고찰을 계속하십시오.

| 질 | 의 | 응 | 답 |

Q.
마음이 우리를 잘못으로 인도하는지 아닌지 어떻게 구별할 수 있습니까? 마음은 논증의 도구입니다. 마음 그 자체가 혼란스럽게 되면 어떻게 논증이 가능할까요?

A.
올바른 견해에도 세상에서 일반적으로 승인하는 수준의 것과 그것을 초월한 궁극적인 진리의 수준 2가지가 있습니다. 궁극적인 수준의 견해란 여러 가지의 사물이나 진실한 상태, 공성(空性)을 깨달은 지혜를 의미합니다. 여러 가지의 사물은 마치 실체를 가지며 그 자신의 힘에 의해 존재하고 있는 것처럼 보이지만, 그것은 잘못된 지각(知覺)입니다.

이 잘못된 지각으로 그들이 정말로 존재하고 있음이 틀림없다고 믿어버립니다. 마음이 혼란한 것을 알려면 여러 가지 사물에는 고유의 실체가 없는 무자성(無自性)이라는 것을 깨닫지 않으면 안 됩니다.

탐욕이나 분노 등의 번뇌를 불러일으키는 대상은 확고한 불변의 존재인 것처럼 생각할 수 있습니다. 그러나 우리들의 주의를 끈 물건이 나타난 대로의 존재가 아니라는 것을 깨달으면 미움이나 분노라는 번뇌도 감소해 갑니다. 이 단계에서 공성(空性)을 명상하는 것입니다.

Q.
지적인 수준, 혹은 정신적인 수준에서 업의 작용을 무엇인가의 형태로 실제적으로 조절하려면 어떻게 하면 좋을까요?

A.
업(카르마)에도 여러 가지의 종류가 있습니다. 하나는 집단으로서 쌓고 집단으로서 그 결과를 얻는 업, 다른 하나는 개개인으로서 쌓고 개개인으로서 그 결과를 얻는 업입니다.

오늘 우리들이 이 장소에 모여 있는 것도 과거 집단적 업의 결과인지도 모릅니다. 그렇지만 모든 업이 같은 장소, 같은 때에 쌓여지는 것인가? 라고 한다면 반드시 그렇다고는 할 수 없습니다. 과거에 행한 행위, 모두 쌓아 버린 업을 조절할 방법은 없습니다. 그 업의 결과를 받을지 아니면 정화하여 제거할 것인지 두 가지 중 하나입니다. 그러나 미래의 운명은 현재의 행위에 의해 결정됩니다. 그 의미에서 우리들은 자기의 업을 조절할 수 있는 것입니다.

Q.
우리는 행위를 조절하는 업의 영향을 받는데, 어떻게 하면 업으로부터 자유로워질 수 있을까요?

A.
앞서 이야기했듯이 과거에 쌓은 업을 조절할 수는 없습니다. 이미 행위가

| 질 | 의 | 응 | 답 |

이루어져 의식 속에서 잠재세력으로서 잠복해 버렸습니다. 우리들은 그 결과를 받을 수밖에 없습니다. 그러나 장래의 운명은 자기 손안에 있습니다. 그것은 스스로 정할 수 있습니다.

예를 들면, 죄를 범했다면 그 행위의 결과를 받지 않을 수 없습니다. 물론 과거의 악한 업을 수행에 의해 정화하는 일도, 강한 선업(善業)의 씨를 뿌려 불선(不善)의 업을 뒤집는 것도 가능합니다. 반대로 애써 과거에 쌓았던 선한 업도 분노와 같은 악하고 강한 행위(불교에서는 마음의 작용도 행위로 간주한다)를 하면 간단히 파괴되어 버립니다.

그러므로 선행을 하고 공덕을 쌓았다면 반드시 그것을 명상 가운데 다른 중생에게 보시합니다. 이것을 회향(廻向)이라고 합니다. 회향한 선행[善根]은 후에 우리들이 범한 악행에 의해서도 잃어버리는 일이 있기 때문입니다.

Q.

윤회전생 하는 것의 주체는 무엇인가요? 죽음을 맞이하면 무언가의 아이덴티티(IDENTITY)가 거대한 의식의 일부에 편입되어 그 일부가 다시 인간이 되어 나타나는 것인가요?

A.

윤회의 주체는 이른바 「나」입니다.

|질|의|응|답|

Q.

그렇지만 그 「나」가 되는 것을 이해할 수 없습니다. 가령 내가 몇 번이나 변화되어 태어난다 하더라도 그것이 자기임은 알 수 없습니다. 과거에 살았던 자기에 관해 어떠한 기억도 없으니까요. 「나」란 무엇인가요?

A.

의식의 흐름이 어디에 속해 있느냐고 물으면 그것은 개체에 개인존재에 속해 있습니다. 그러나 영구불변의 「나」, 「내」가 존재하는지 아닌지 발견하려고 해서 발견할 수 있는 것인지 어떤지는 별개의 이야기입니다.

과거생(過去生)이 있다면 그것을 생각해낼 수 있을 것이라고 주장하는 것은 잘못입니다. 금생(今生)의 사건을 예로 들어보더라도 생각해 낼 수 있는 것이 있으면 생각해 낼 수 없는 것도 있습니다. 생각해 낼 수 없다고 해서 「그것은 내가 아니다」라고는 할 수 없습니다. 과거의 생을 명료하게 기억하고 있는 사람도 있습니다만, 보통사람은 생각해 낼 수 없습니다.

죽는 순간이나 금생과 내생(來生) 사이의 중유(中有) 의식은 평범한 우리들의 의식보다 훨씬 미세한 수준에 있어서 보다 거친 표층의식(表層意識)과 교류할 수 없는 것입니다. 보다 깊은 수준의 의식을 활용할 수 있는 사람은 훨씬 명료한 과거생의 기억을 회복할 수도 있습니다.

Q.

고통을 끊는 과정에 들어가기 전에, 고통은 끊을 수 있는 것이라는 확증을,

| 질 | 의 | 응 | 답 |

무엇인가의 증거를 얻을 필요가 있다고 말씀하셨습니다. 어떻게 해서 그러한 증거를 얻을 수 있나요?

A.

고통의 근원을 끊을 수 있다면 고통 그 자체도 끊을 수 있습니다. 고통의 근원은 번뇌이며, 번뇌의 근원은 아집에, 여러 가지의 사물에 영구불변의 실체가 있다는 믿음에 있습니다. 우리들은 그러한 잘못된 믿음을 여러 가지의 사물에 실체가 있다는 번뇌로 더럽혀진 의식을 정화해야만 한다는 것입니다.

불교의 어떠한 학파도 의식의 잘못된 경향을 단절하기 위한 수단을 설명하고 있습니다. 중관파(中觀派)는 영구불변의 실체는 존재하지 않는다고 논리적으로 설명함으로써 공성을 이해합니다. 이러한 질문을 통해 사람들은 마음속에서 번뇌를 내쫓을 수 있습니다.

Q.

해탈이 마음의 본원(本源)이라는 경지를 분명히 하는 것이라면 불성(佛性)은 이미 거기에 있는 것일까요?

A.

불교에서는 조금도 번뇌가 없는 깨끗한 근원에서 생물이 생겨났다고는 말하지 않습니다. 무명(無明)도 고통도, 윤회도 「무시(無始)」, 즉 아무리 과거로 거슬러 올라가도 그 시작은 알 수 없습니다. 모든 번뇌를 단절한 경지에 이르

|질|의|응|답|

는 것이 해탈입니다. 불성(佛性)이란 누구나 의식에 스스로 갖고 있는 가능성입니다. 걸맞는 환경이 주어져 그것이 생활화되면 인간은 깨달음에 이릅니다. 그러나 불성 즉 보리(깨달음의 경지)는 아닙니다.

궁극적으로는 열반이란, 모든 고통을 끊고 모든 번뇌가 법계 즉 공성(空性)으로 정화된 경지라고 설명할 수 있습니다. 모든 번뇌에서 해방되어 공성을 깨달은 마음이라면 윤회세계를 그렇다고 인식하는 것도 마음입니다. 이와 같이 생각하면 윤회도 열반도 조금도 다르지 않습니다.

가령 이 테이블을 예로 들면 「테이블이 아닌 것(가령 형태 등)」을 빠트린 것이 즉 테이블입니다. 마찬가지로 여러 가지의 사물은 남에게 의존하지 않는 영구불변의 실체[自性]와 번뇌를 빠트리고 있습니다. 열반의 특성은 영구불변의 실체를 빠트리고 있는 것입니다. 열반에 이르기 위해 수행의 도는 이미 우리들 안에 있습니다.

왜냐하면 우리들 마음 그 자체로 또 영구불변의 실체를 빠트리고 있는, 즉 공(空)이기 때문입니다. 모든 사물은 인연에 의해 생겨난 것이며 영구불변의 고유의 실체인 「나」를 빠트리고 있습니다. 이것을 공성이라 합니다.

해탈 또는 열반은 마음의 결점을 제거한다는 관점에서 설명되어야 할 것입니다. 열반을 단순히 책에 기록한 개념으로서가 아닌 살아 있는 온갖 것의 고통으로부터 해방한다는 관점에서 이야기 해야 할 것입니다.

근대 서양과학은 문물에 대해서는 거대한 지식을 갖고 있지만, 의식에 관해서는 극히 한정된 지식만 갖고 있습니다. 그러나 의식에 대해서 잘 아는 것 없이 문물에 관계된 지식을 충분히 활용할 수 있을지 어떨지는 의문입니다.

어쨌든 지식을 얻을 수 있는 것은 인간뿐이므로 전 인류에게 도움이 되는 지식을 얻도록 해야 할 것입니다. 그때 내면의 체험을 통해 얻어지는 의식에

| 질 | 의 | 응 | 답 |

관련된 지식과 문물에 관련된 의식은 두 가지가 적당히 균형을 유지하는 것이 중요합니다. 과학적인 접근만 고집하고 마음의 내면을 고려하지 않는다면 감정적인 면에서의 체험을 전부 부정하게 되고 말겠죠.

 예를 들면, 강력하고 파괴적인 무기는 순수한 물질적인 견지에서 보면 위대한 성과라고 말할 수 있겠지만, 진정한 의미에서 인류에게 이익이 될지 어떨지는 의문입니다. 의식이나 마음을 탐구하거나 토론하거나 할 때 반드시 종교의 테두리에서 해야 할 필요는 없습니다. 마음의 탐구는 과학에서 인류 전체의 지식에 중요한 것입니다. 그 견지에서 말한다면 동양철학, 특히 불교철학은 현대사회에 공헌할 것이 많이 있을 것입니다.

제2장 수행(修行)의 길(道)

두 가지 수준의 진리 50
아(我) – 영구불변의 실체 55
질의응답 58

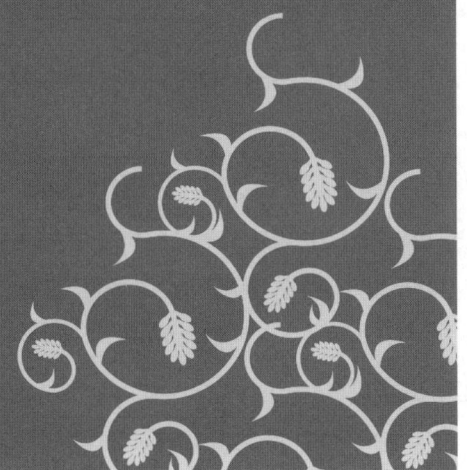

1절. 두 가지 수준의 진리

　모든 사물의 바탕에 있는 것은 무엇일까를 논의하는데 있어 먼저 수행도(修行道)의 단계에 대해 이야기합시다.
　우리들은 모두 스스로가 행복을 바라고 고통을 피하고 싶어 합니다. 그리고 불교는 누구든지 이러한 권리를 스스로 갖고 있다고 말하고 있습니다. 행복도 고통도 여러 가지 카테고리로 분류할 수 있습니다만, 크게 나누면 물리적(육체적)인 행복과 고통, 정신적인 행복과 고통으로 분류할 수 있습니다. 후자는 마음의 체험이며 육체에 근거한 체험보다 무게가 있습니다.
　석존은 정신적인 고통에서 자기를 해방시키고 행복을 얻기 위한 수단이 있다고 말씀하시고 계십니다. 그것이 4가지 성스러운 진리의 3번째 고통이 멸한 경지에 관련된 진리〔滅諦〕입니다. 고통이 멸한 경지는 해탈이라고도 열반이라고도 하는데, 모든 번뇌, 모든 죄와 결점에서 해방된 궁극적인 리얼리티(reality)의 경지입니다.
　우리들은 마음으로부터 모든 번뇌와 결점을 제거할 수 있습니다. 그러기 위해서는 우리들은 우선 두 가지 진리〔二諦〕에 관해서 궁극의 진리〔眞諦〕와 세속의 진리〔俗諦〕를 이해할 필요가 있습니다.

두 가지 진리란 4가지 성스러운 진리와는 별개입니다.

그러면 중관귀류논증파(中觀歸謬論証派)의 설에 근거하여 두 가지 진리에 대해 해설하겠습니다.

불교에는 크게 4개의 학파가 있습니다. 설일체유부·경량부·유식파·중관파입니다. 모두가 석존의 말씀을 인용하여 자신들의 학설의 정당성을 주장하고 있지만 각기 주장은 다릅니다. 어떤 가르침이 다른 가르침보다 좋다고 어떻게 이야기 할 수 있을까요.

석존 자신은 이렇게 충고하고 있습니다.

비구(比丘)들이여, 현명한 자들이여.
단순히 나를 존경한다고 해서 내 말을 그대로 외우지 말라.
마치 세공사가 금을 음미하듯이
내 말을 잘 음미하여 받아들이는 것이 좋다.

또 불교의 교리 가운데에는 4가지의 근거로 해야 할 것이 설명되어 있습니다.

스승의 사람 됨됨이(인품)가 아닌 스승의 가르침을 근거로 해라.
단순히 말이 아닌 말속에 있는 의미를 근거로 해라.
표면적인 의미뿐 아니라 참된 의미를 근거로 해라.
표층의 의식이 아닌 참된 의미를 깨달은 지혜를 근거로 해라.

이와 같이 석존은 자신의 말을 맹신할 것이 아니라 스스로 잘 음미하도록 충고하고 있습니다. 우리들 자신도 어떤 학파가 훌륭한지 단순히 책을 인용할 것이 아니라 논리적인 근거에 기초하여 받아들이지 않으면 안 됩니다.

경량부와 설일체유부는 소승불교에 속하고 인간이라는 개인존재는 고유의 실체를 빠트리고 있지만〔人無我〕, 모든 사물에게는 고유의 실체가 있다고 주장합니다. 대승불교에 속하는 유식파와 중관파는 모든 사물도, 또 고유의 실체를 빠트리고 있다〔法無我〕고 설명합니다.

중관파는 또한 자립논증파(自立論証派)와 귀류논증파(歸謬論証派)로 나뉩니다. 중관자립논증파(中觀自立論証派)는 모든 사물에는 고유의 실체는 없지만, 세상 일반의 진리로써 존재하고 있다고 설명하고 있습니다.

이에 대해서는 중관귀류논증파(中觀歸謬論証派)는 모든 사물은 개념으로써 파악할 수 있고 명명되어짐으로써 존재한다고 주장합니다. 논리적인 분석력을 갖는 의식이 모든 사물의 리얼리티를 발견하려고 시도했을 때 파악되는 것이 궁극의 진리라면, 분석력을 빠트린 의식이 같은 것을 발견하려고 시도하는 것이 세속 진리인 것입니다.

여기에 한 권의 책이 있다고 합시다. 세속 진리의 관점에서 보면, 이것은 남에게 의존하는 것이 없는 자립된 실체인 것처럼 생각할 수 있습니다. 손에 들고 페이지를 넘길 수 있다면, 기록된 말을 읽는 일도 가능한 하나의 대상물입니다. 세속적인 진리의 수준에서는 우리들은 그것이 책으로 불리는 고유의 실체를 갖는 존재로 간주합니다.

그러나 우리들이 파악했던 것의 실체를 또 분석해 가면,「책」은 여러 부분의 집합체, 즉 색이나 형태의 물리적 요소나 아이디어를 독자에게 제공하고, 혹은 종이 뭉치 위에 얹어 놓으면 문진(文鎭)이 되기도 한다는 기능성의 집합체인 것입니다.

책의 각 요소는 또 세밀하게 나눌 수 있습니다. 가령 색이라면 종이의 색과 인쇄, 잉크의 색과 같이 이러한 분석은 무한히 행할 수 있습니다. 이렇게 해서 우리들은 책이 여러 가지의 집합체에 지나지 않는다는 것을 이해합니다. 책 고유의 실체를 찾아는 보았지만 발견할 수 없는 것입니다. 존재하고는 있지만 그것은 세상일반의 진리수준에서의 존재에 지나지 않는 것입니다.

궁극적인 수준의 진리에서는 모든 사물은 다른 요소에 의존하여 존재하고 있습니다. 모든 사물이 다른 것에 의존하여 존재하고 있는 것을 「연기(緣起)」라고 합니다. 책의 본질을 발견했다 하더라도 그것은 개념적 사고에 의해 붙여진 라벨 「책」이라 명명되어진 것에 지나지 않습니다.

모든 것은 우리 의식의 개념화 작용에 의해 성립하고 있는데, 그것을 초래하는 의식 그 자체로 한순간 전의 의식에 의존하여 존재하고 있는 것입니다. 의식은 발생해서 소멸하는 순간순간의 의식의 연결이지만, 그 의식의 시작은 발단의식을 발견할 수는 없습니다. 즉 그러한 개념화 작용에는 발단도 무엇에도 의존하는 일이 없는 독립된 기반도 발견할 수 없는 것입니다.

책과 같이 구체적인 것이 아닌 보다 추상적인 것을 예로 들어봅시다. 어떤 것을 「길다」, 「짧다」라고 할 때, 그것은 어떤 의미일까요? 자기 손가락을 바라보면 약지는 새끼손가락보다는 길지만 가운데 손가락 보다는 짧다. 약지의 길고 짧음은 새끼손가락과 가운데 손가락에 의해 성립하는 것이며, 길고 짧음은 독립된 특성이 아닙니다.

이러한 논리의 흐름에 따라 생각하면 모든 사물은 다른 것의 의존 하에 생기는, 즉 연기하고 있는 것을 이해할 수 있게 됩니다. 또한 이 분석을 자기 자신에게도 해 보십시오. 그러면 바깥의 대상을 지각하고 체험하는 주체에는 독립된 실체를 빠트리고 있다는 점, 지각되어 체험되는 대상도 또 독립된 실체를 빠트리고 있는 점이 이해됩니다. 이것이 불교 용어로 「인무아(人無我)」와 「법무아(法無我)」라는 것입니다.

2절. 아(我) – 영구불변의 실체

철학의 각 학파와 각 종파의 각각이 실체로써 나(我)의 상태를 이야기 합니다. 불교에는 없는 어떤 학파에서는 나를 항구(恒久)한 것, 편재(偏在)한 것, 변화도 하지 않으면서 파괴도 하지 않는 것, 오온(五蘊)2)으로부터 동떨어진 실체로써 설명합니다. 그러나 불교에서는 이러한 나를 말하고 있지는 않습니다.

불교경전에 의하면 우리들은 오온(五蘊) 가운데에 존재하는 것으로 오온과 관계없이 어디에나 출현하는 것이 가능한 것은 아닙니다. 오온도 물질적인 것의 모임과 정신적인 것의 모임의 두 종류로 나눌 수 있습니다.

우리들은 태어나 육체가 자기 자신의 것이라는 감각을 갖고 「나」의 육체라 합니다. 마찬가지로 마음에 대해서도 자기 것이라는 감각을 갖고 「나」의 마음이라 합니다. 이처럼 우리들은 육체나 마음이란 다른 「나」와 「나」가 있는 것이라 생각합니다.

---

2) 오온(五蘊): 인간이나 인간을 둘러싼 환경을 구성하는 다섯 가지 요소, 신체를 포함한 물리적 세계[色蘊], 감수작용[受蘊], 표상작용[相蘊], 의지[行蘊], 인식작용[識蘊]의 5가지. 온(蘊)이란 모임의 의미.

그러나 그러한 「나」를 분석해 보면 그러한 것은 존재하지 않음을 알 수 있습니다. 그렇지만 「나」가 전혀 존재하지 않는다면 인류도 존재하지 않습니다. 「나」는 분명히 존재하는데도 분석해보면 그 실체를 발견할 수 없는 것은 「나」가 다른 것에 의존해서 존재하는 것을 의미합니다.

중관파는 「나」는 실체가 아닌 단순히 이름뿐인 존재로 명명되어짐으로써 존재하는 것에 지나지 않는다고 주장합니다. 여러 사물이 자립하여 존재하는 것처럼 보여도 자세히 분석해보면 그것과는 반대로 다른 것에 의존한 존재임을 알 수 있습니다. 그렇다면 어째서 분석의 결과로 나타난 것을 보다 정당한 것으로 받아들이지 않으면 안 될까요.

의식의 가운데에 나타난 대상을 분석하는 일없이 그대로 자립한 존재처럼 받아들이면, 대상에 집착하게 되고 탐욕이나 애착 같은 번뇌가 일어나게 됩니다. 이러한 모순을 알고 참되지 않는 출현을 부정하면 번뇌를, 나쁜 감정을 단절할 수 있게 됩니다.

번뇌에 빠진 마음의 기원은 아집(我執), 즉 여러 가지의 존재를 잘못 파악해버리는 의식에 있습니다. 존재의 상태를 잘못 파악하는 의식을 제거함으로써, 우리들은 모든 번뇌를 끊어 버릴 수 있습니다. 번뇌는 3가지의 단계를 거쳐 제거할 수 있습니다.

인간은 우선 말이나 신체에 의한 불선(不善)의 행동이라는 형태로 번뇌가 나타나지 않도록 스스로를 억제하지 않으면 안 됩니다. 다음에 마음 그 자체에 자리 잡고 있는 번뇌를 퇴치합니다. 마지막으로 번뇌가 마음에 남아있는 흔적을 제거합니다.

이 3가지 단계를 밟아 번뇌를 제거함으로써 우리들은 아래와 같은 성과를 거둘 수 있습니다. 말이나 신체에 의한 불선(不善)의 행동을 억제하면, 지옥이나 축생이라는 나쁜 경지가 아닌 인간과 같은 높은 경지에 윤회하여 태어날 수 있습니다. 모든 번뇌를 끊어버릴 수 있다면 열반 혹은 해탈을 얻을 수 있습니다. 3단계로 번뇌가 마음에 남아있는 영향력을 모두 제거할 수 있으면, 부처의 모든 지혜의 경지에 도달할 수 있습니다. 이렇게 하여 우리들은 수행의 길을 걸어가는 것입니다.

이 수행의 길을 매우 간단히 말하면 삼학(三學)이라 합니다.

삼학의 첫 번째는 계학(戒學), 신체와 말로써 나쁜 행위를 하지 않도록 수행하는 것입니다. 이에 따라 거칠고 산란한 상념을 끊습니다.

두 번째는 정학(定學), 정신통일을 하고 한 점에 마음을 집중시킴으로써 극히 미세한 흐트러진 생각도 잘라 낸 상태를 달성합니다.

그 상태에서 공성(空性)을 명상하는 것이 삼학의 세 번째 혜학(慧學)입니다.

삼학(三學)을 행하면 고고(苦苦)·괴고(壞苦)·행고(行苦)의 3가지의 고통에서 벗어날 수 있습니다. 계학(戒學)에 의해 욕계(欲界)에서 색계(色界)에 이를 수 있고, 고고(苦苦: 심신의 괴로움)로부터 해방됩니다. 또 정학(定學)을 함으로써 색계(色界)를 초월하고, 괴고(壞苦: 즐거운 것이 소멸하는 괴로움)로부터도 해방되어 욕망을 초월한 상태에 도달할 수 있습니다. 또 모든 사물의 진실한 상태의 공성(空性)을 깨달음으로써 행고(行苦)로부터도 해방됩니다.

| 질 | 의 | 응 | 답 |

Q.

중관귀류논증파(中觀歸謬論証派)는 모든 사물은 단순히 이름뿐인 존재로 명명됨으로써 존재하는 것에 지나지 않는다고 주장합니다. 그렇다면 인식의 대상은 외부의 세계에는 일절 존재하지 않는다고 주장하는 것일까요?

A.

중관귀류논증파(中觀歸謬論証派)는 모든 사물은 단순히 이름뿐인 존재에 지나지 않는다고 주장하지만, 외적인 존재를 이름 이외의 사물을 부정하는 것은 아닙니다. 모든 존재는 보통의 인식력으로는 바르게 인식할 수 없다고 주장하고 있음에 지나지 않습니다. 중관귀류논증파는 여러 가지 사물의 진수를 분석해 보아도 발견할 수 없지만, 그것은 그 자체가 존재하지 않기 때문이라고 주장하는 것입니다.

중관의 나가르주나는 《中論》의 모든 게송[詩]에서 여러 사물은 세속적인 수준에서 발생하고, 소멸하고, 지나가는 것처럼 보여도 자세히 분석해보면 독립된 실체를 빠트리고 있다고 설명하고 있습니다. 예를 들면, 눈앞에 있는 이 테이블은 존재하고 있지만 다른 요소에 의존하여 발생하고 있는, 그러므로 독립된 실체를 빠트리고 있다.「무자성(無自性)이다」라고 말할 수 있는 것입니다.

반대로 중관귀류논증파는 외계(外界)에 존재하고 있는 것처럼 보이는 대상 각각의 부분을 분석해도 그 전체를 발견하는 것은 불가능하며, 실제의 의식으로부터 떨어진 실체로써 대상이 존재하는 것은 아니라고 주장하는 것입니다. 외계에 존재하는 것처럼 보여도 실은 의식의 내부에 있는 표상에 지나지

|질|의|응|답|

않는, 외계(外界)에는 아무 것도 존재하지 않는, 참된 의미에서 존재하는 것은 다른 것에 의존하지 않고 존재하는 것은 내면의 의식뿐이다. 이것이 중관귀류논증파의 주장입니다.

Q

8세기말 삼예에서 행해졌다고 하는 인도인 중관학자 카마라실라[3]와 중국인 대승화상(大乘和尙)의 종론(宗論)[4] 에 관해서 간단히 설명해 주십시오.

A.

당시 인도학자인 산타라크시타가 중국에서 선승 마하연(摩訶衍 혹은 大乘和尙)을 초대했습니다. 삼예 사원에는 번역관·밀교행자·명상가 각각에게 거처가 준비되어 있었습니다. 선승들은 「부동지(不動地: 수행이 완벽하게 완성된 경지)」라 하는 명상가들을 위해 특별히 준비된 건물에 머물러 있었습니다. 그때 선승들의 주요 수행은 명상이었습니다.

선승들의 수준은 아무런 차이가 없는, 말하자면 단순한 명상의 전문가였습니다. 경전의 사유(思惟)나 개념을 통해서 인간은 해탈을 얻을 수 없다는 취지

---

3) 산타라크시타(Śantarakṣita 寂護, 725~790)의 제자 카마라실라(kamalaśila 蓮花戒, 740~795(?))는 중국선의 마하연 화상과 논쟁을 했다. 주로 좌선만을 닦는다면 육바라밀의 하나하나를 수행할 필요가 없다고 한 것, 선정 중에는 부사부관(不思不觀)을 철저히 할 수 있다고 할 것을 다루면서 마하연(摩訶衍) 설(說)의 잘못을 비판했다. 그 결과 티송데첸왕의 결정에 의해, 이후로 티베트에서는 인도에서 전래된 대승불교만을 정통으로 한다고 결정했다. (譯者註)

| 질 | 의 | 응 | 답 |

의 내용이 기술되어 있고, 카말라실라의 시대에서는 이 기술을 오해하여 어떠한 개념도 사유도 피해야 할 것이라고 믿는 선승들도 있었습니다.

밀교의 가장 고도의 가르침인 무상(無上)요가・탄트라에서「주체로서의 광명의 마음(空性을 깨달은 마음)」을 행하는데 있어서는 체내의 미세한 에너지[風]를 맥관(脈管) 5) 속에 집어넣는 걸림돌이 되지 않도록 모든 사고나 개념을 단절할 필요가 있습니다. 그것은 모든 개념과 사고가 틀렸거나 사물의 상태를 잘못 파악하거나 하기 때문은 아닙니다.

수행자는 중앙 맥관에 모든 미세한 에너지를 집어넣으려고 전력을 다하므로 어떠한 생각에서도 그것이 분석적이고 개념적인 한, 가령 그것이 좋은 것이더라도 의식의 집중을 방해하는 것입니다.(무상(無上)요가・탄트라에서는 행자(行者)는 등뼈와 평행으로 달리고 있는 중앙 맥관에 바람을 집어넣으므로 생명활동을 수렴(收斂)하여, 여러 가지 신비한 체험을 얻는다.)

---

4) 8C기 후반 티베트 고대왕조 티송데첸(742~797)왕 불교 진흥책을 써서 인도와 중국의 양방에서 상당수의 불교 승려를 초대했는데, 인도의 중관파(中觀派) 불교와 중국을 대표하는 선종사이에서 싸움이 일어났다. 티송데첸왕은 티베트 최초의 본격적 사원 건립에 힘을 다한 인도인 산타라크시타의 제자 카말라실라와 선승 마하연(摩訶衍)을 삼예(Samyas)사원에서 논쟁하게 했다. 이 논쟁은 중관파(中觀派)의 승리로 끝났다고 티베트에서는 전해지고 있다.
● [삼예의 종론]은 티베트 불교의 향방을 결정한 중요한 사건으로 이는 인도불교와 중국불교의 대립, 점수와 돈오의 대립 등으로 달리 표현할 수 있다. 이 사건을 계기로 방향을 확립한 티베트 불교는 이후 인도불교문헌의 본격적 번역과 연구 등이 이루어져 불교국가로서의 기틀을 확립시켜 간다. (譯者 註)
5) 티베트 밀교의 정신 생리적인 사고방식에 의하면 신체를 똑바로 유지하면 몸의 맥관(脈管: 나디)에 바람(prana)이 원활하게 흘러 마음을 바른 명상의 상태로 이끄는 기능이 생긴다고 한다.

| 질 | 의 | 응 | 답 |

  선승들은 그것을 이해하지 않고 모든 개념도 사유로 단절해야 할 것이라고 믿고 있었던 것입니다. 그러나 잘못된 개념이라면 어쨌든 모든 개념, 사유를 단절해 버린다면 어떻게 지혜를 길러갈 수 있을까요. 우리들은 삼예의 종론(宗論)을 이상과 같이 해석하고 있습니다. 마하연(摩訶衍)이 완벽하게 틀렸다면 산타라크시타도 종론(宗論)을 인정하지는 않았겠죠. 반대로 마하연이 옳았다면 카말라실라에게 논파되는 일도 없었을 것입니다.

Q.

  관(觀) : 비파사나. 마음을 평정하게 유지한 상태에서 대상을 터득하는 行. 상좌부 불교의 중심적 修行의 하나)과 밀교 명상의 관련에 대해 질문하고 싶습니다. 관을 행하면 마음이 무상(無常)이다라고 이해할 수 있고, 이것은 또 무아의 경지에 이르기 위한 첫 걸음이기도 합니다. 반대로 밀교의 수행에서는 우선 외면적인 모습(부처와 부처가 살고 있는 누각 등)을 관상하기 때문에 마음이 어지럽혀져 있는 느낌을 받습니다. 이것을 어떻게 최종적으로 간결한 무아의 경지로 이끌어 갈 수 있습니까?

A.

  현교(顯敎: 경전에서 분명히 설명하여 밝혀진 가르침)의 도(道)에서는 때로 의식을 공(空)에 집중시킵니다. 이것에 의해 우리들은 지혜를 쌓을 수는 있지만 공덕을 쌓을 수는 없습니다. 때로 보리심이나 가엾게 여기는 마음을 행합니다. 이것을 행함으로써 공덕을 쌓을 수 있지만 지혜를 쌓을 수는 없습니다. 우리

| 질 | 의 | 응 | 답 |

들이 부처의 경지에 이르기 위해서는 공덕과 지혜의 양쪽을 모두 쌓을 필요가 있는 것입니다.

밀교의 명상에서는 공성(空性)을 이해한 지혜 그 자체를 신들에게로 변용시킵니다. 명상의 마지막에 부처의 궁전인 만다라도 부처의 모습도 공성으로 사물의 궁극의 상태로 동화시킵니다. 이러한 수행에서는 지혜와 공덕의 양쪽을 쌓을 수 있습니다.

이것이 밀교 수행의 가장 중요한 부분입니다. 이것을 말로 설명하는 것은 매우 간단하지만 실제로 수행을 완성해 가는 것은 무척 어렵겠지요. 관(觀)의 수행도 여러 가지 수준이 있으므로 밀교의 수행을 관(觀)으로 분류하는 것도 가능합니다.

Q.

무상(無常)이나 찰나멸론(殺那滅論: 모든 존재는 생기는 순간부터 멸한다는 이론)을 어떻게 해석해야 할까요? 결혼이나 정부 등 많은 사회제도는 사람과 사람과의 관계가 구조화된 것이며, 어느 정도의 규칙이 요구됩니다. 그런데 중관파의 대중적인 견해에 따르면 이러한 제도는 불필요한 것, 쓸데없는 것에 불과 한지, 수행과 대립하게 되어버리는 것은 아닌가요?

A.

하나의 원인으로부터 생겨난 존재는 원인 그 자체에 의해 변화할 수 있는 것입니다. 이 테이블을 보십시오. 우리들은 어제도 이 테이블을 보았지만, 테

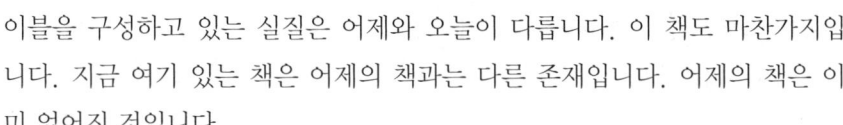|질|의|응|답|

이블을 구성하고 있는 실질은 어제와 오늘이 다릅니다. 이 책도 마찬가지입니다. 지금 여기 있는 책은 어제의 책과는 다른 존재입니다. 어제의 책은 이미 없어진 것입니다.

모든 존재는 하루하루, 일분 일초 순간순간 확실히 변화를 이루어 갑니다. 이것은 미립자의 움직임을 분석해보면 분명합니다. 거기에는 끊임없는 변화가 있는 것입니다. 변화한다는 본성만이 항상 거기에 있는 것입니다. 이 책을 만들어낸 원인 그 자체가 변화라는 본질을 낳습니다.

가령 시각에 관련된 의식은 눈이라는 기관이 있는 한 기능을 하지만, 눈이라는 감각기관이 손상을 입든지 기능을 정지하면 이 의식도 또 정지합니다. 이것은 인간의 의식에 관해서도 – 눈의 의식, 귀의 의식, 코의 의식, 혀의 의식, 신체의 의식이라는 감각기관에 의존하는 5가지의 의식 모두 마찬가지라 할 수 있습니다.

이들 의식은 모두 한 순간에 생겼다가 없어집니다. 그러나 제6식(識)의 마음의 의식은 가장 깊은 수준의 마음이며, 항상 존재합니다. 거기에는 시작도 없으며 끝도 없고, 한순간 생겨서 없어지면서 연속된 흐름을 갖는다는 점에서 항구(恒久)의 실제로 갖고 있는 것입니다. 인간사회가 한 순간 한 순간 변화하고 있는 것은 명백합니다.

식물도, 행동도, 교육도 패션도 항상 변화합니다. 그러나 인간사회라는 흐름 전체는 항상 존재하고 있습니다. 이와 같이 원인으로부터 생겨난 모든 사물은 무상(無常)한 것이지만 연속된 흐름을 갖는다는 관점에서는 항상이라고도 할 수 있습니다.

당신의 질문은 '모두 무상(無常)이라면 어떤 사물에 대해서도 초연한 태도

| 질 | 의 | 응 | 답 |

를 취해야 할 것인가?'라는 것이지요. 모든 것에 대해 초연한 자세를 취한다면 수행에 대해서도 마찬가지로 초연한 태도를 취하게 되고 말겠죠. 왜냐하면 수행도 또 무상(無常)한 것이기 때문입니다. 어떤 사물이 무상(無常)인지 항상(恒常)인지가 문제가 아닙니다.

바랄 가치가 있는지 어떤지, 얻을 가치가 있는지 어떤지에 관한 것입니다. 가치라 한다면 다음에 문제가 되는 것은 왜 그것을 실현 하는가입니다. 여기서 우리들은 바람직한 욕망과 바람직하지 못한 욕망을 구별해야만 합니다. 논리적으로 분석하여 실현하는 것이 바람직한 욕망이라고 알고 있다면 그것을 유지해 가는 것은 유익하겠죠. 가령 깨달음을 얻고 싶다는 욕망, 살아있는 모든 것을 위해 봉사하고 싶다는 욕망은 유익한 욕망입니다.

우리들은 이러한 욕망을 신중히 마음속에 유지해갈 필요가 있습니다. 모든 생물에 대해 책임을 진다는 감각을 길러야 하며, 특히 노력하지 않으면 안 됩니다. 반대로 당신은 자주 무언가가 갖고 싶어지는데 잘 생각해 보면 실제로는 불필요한 경우가 많습니다.

예를 들면, 슈퍼마켓에 가면 온갖 좋은 상품이 눈에 들어와 모두 손에 넣고 싶다는 생각이 듭니다. 거기에서 자기가 가진 돈을 세어 스스로 물어 볼 것입니다. '나 자신은 정말 이 만큼의 상품을 모두 필요로 하는가? 아니야 필요하지는 않아?'라는 대답이 되돌아옵니다.

이것은 저 자신의 경험에도 있습니다. 이러한 바람직하지 않는 욕망은 탐욕, 집착심이며 번뇌입니다. 우리들이 마음 편히 살기 위해서는 번뇌를 불러 일으키는 물건은 불필요한 것입니다. 물론 정당한 이유가 있어 하나, 둘 물건을 손에 얻는 것은 상관없습니다. 그것은 바람직한 욕망이라 할 수 있겠지요.

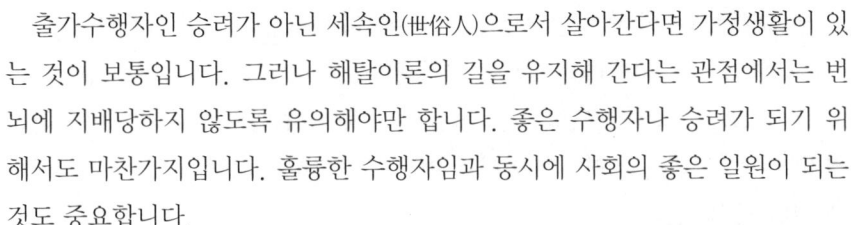
| 질 | 의 | 응 | 답 |

출가수행자인 승려가 아닌 세속인(世俗人)으로서 살아간다면 가정생활이 있는 것이 보통입니다. 그러나 해탈이론의 길을 유지해 간다는 관점에서는 번뇌에 지배당하지 않도록 유의해야만 합니다. 좋은 수행자나 승려가 되기 위해서도 마찬가지입니다. 훌륭한 수행자임과 동시에 사회의 좋은 일원이 되는 것도 중요합니다.

생활비를 깨끗이 버는 생산적이며 존경할만한 인간, 마음에는 평안이 있고 가정에도 사회에도 편안한 분위기를 가져오는 인간, 이타심(利他心)이나 보리심을 품은 세속인의 수행자는 실제 가정뿐만 아니라 사회에도 커다란 공헌을 하는 것입니다. 스스로 깨달은 만큼을 구한다면 승려의 간소한 생활방법이 바람직하겠죠. 그러나 대승불교의 길을 걸으며 보리심을 행하는 사람, 세상 모든 것을 위해 깨달음을 펼치려고 결의하는 사람은 승려로 살아도 가족을 갖고 살아도 좋습니다.

Q.
출가(윤회로부터 탈출하려는 결의)와 속세로부터 도망치는 것과의 차이는 무엇입니까?

A.
이 두 가지는 커다란 차이가 있습니다. 그러나 스스로를 위한 해탈을 구하는 인간(소승불교의 수행자)에게 있어서 그다지 다르지 않겠죠. 대승불교의 수행자에게 있어서는 다른 살아있는 것들을 구제하기 위해 번뇌나 업의 멍에로부

| 질 | 의 | 응 | 답 |

터 해방된 깨달음의 경지를 얻으려는 순수한 바램을 품는 것이 출가입니다.

사회나 가정을 방치하는 것과는 다릅니다. 속세의 생활이 혼란스럽다 해서 그곳에서 도망치는 것은 좋지 않습니다. 사람에 따라서는 마음에 들지 않는 의기소침한 사건을 우연히 만났다는 이유로 자살하는 사람도 있습니다. 이렇게 되면 정말 비극입니다.

삼고(三苦)의 마지막은 행고(行苦), 편재하는 보편적인 고통입니다. 이것은 우리들의 육체를 말합니다. 즉 고통의 궁극적인 근원은 우리 육체인 것입니다. 윤회세계에 육체를 갖고 윤회 전생하는 한 우리들은 고통에서 벗어날 수 없습니다. 고통에서 벗어나기 위한 실리적인 수단이란 윤회의 바퀴를 절단하여 해탈하는 것입니다.

고통만이 가득한 이 윤회의 세계를 싫어하고, 그 곳에서 탈출하려고 마음을 갖는 것이 출가입니다. 그러면 왜 우리들은 윤회세계에 태어나 변해가지 않으면 안 되는 것일까요. 우리들은 조물주 등의 자기 이외의 무언가의 힘에 의해 이 윤회세계에 태어나 변해 가는 것이 아닙니다. 우리들의 근원적 무지는 사물의 상태를 잘못 파악하고 있는 우리들의 마음이 원인이 되며 윤회세계를 몇 번이나 윤회하는 신세가 되는 것입니다.

소승불교의 수행자들은 자기가 고통에서 벗어나기 위해 수행하지만, 대승불교의 수행자들은 다른 중생을 고통에서 구제하기 위해 수행을 합니다. 그러므로 대승의 보살행을 수행하는 사람은 곤란한 환경에 처해도 도망갈 수 없고 거기에서 활동하는 동시에 주도적으로 살아가지 않으면 안 됩니다. 왜냐하면 세상의 살아있는 모든 것은 행복을 위해 봉사하는 것이 보살(대승불교의 수행자)의 주요 역할이기 때문입니다.

그렇다하더라도 그러한 수행(修行)을 실천하는 데에도 타이밍이 중요합니다. 보살수행을 실천하기 시작한 극히 초기단계에서는 강한 이타심(利他心)을 기르는 것이 되더라도 세상 속에서 그것을 실천에 옮기지 않는 경우가 있습니다. 바깥 세계로부터 좋지 않은 영향을 받아 모처럼의 결의가 전복될 우려가 있기 때문입니다. 그때 일정기간 완전히 속세를 떠나 마음속으로 내면의 힘을 기르는 것이 좋습니다. 그 후 신중하게 사회에 되돌아가 곤란한 환경에 있는 중생을 구제하는 것입니다.

Q.
세속의 생활을 버리도록 사람들을 설득하는 길은 사회적으로 위험하지는 않나요?

A.
싫으니까 단순히 거기서 도망치는 것은 문제가 되겠죠. 그러나 진리를 구하는 수행자들이 진지한 동기를 갖고 사회를 떠나는 것이라면 이야기는 별개입니다. 그렇지만 너무 많은 수가 출가해 버리면 사회에 좋지 않은 영향을 주는 것도 사실입니다.

Q.
젊은이들에게 세속의 세계를 버리도록 설득하면 오해를 불러일으킬 우려

| 질 | 의 | 응 | 답 |

가 있지는 않는지요? 술을 마시지 말고, 아내를 버리라는 것은, 곧 세속의 세계에 대한 방임으로 오해할 가능성이 있습니다. 그렇다면 산 속에 파묻혀 속세를 버리고 산속에서 스스로 큰 공덕을 쌓고 있다고 생각하지만, 마을에서 살고 있는 사람들 쪽에서는 아직 그러한 수행들이 좋다고는 말할 수 없지 않을까요?

A.

서두르면 일을 그르친다고 합니다. 무엇을 하려면 우선 철저히 분석을 하여 실천할 필요가 있습니다. 속세의 세계를 버리고 수행의 길에 들어섰다고 해서 처음부터 단식을 하는 등 무리를 하여 3일 후에는 수행 그 자체를 멈추어 버리고 마는 작심삼일격의 방법은 안 됩니다.

그렇다고 해도 진지한 동기를 품고 세속의 생활에서 떠나 혼자 명상수행을 닦는 것은 매우 유익한 행위라고 말할 수 있습니다. 단 그 경우에도 바른 방법으로써 명상할 필요가 있습니다. 마음을 한 점에 집중하고[止], 우리들의 통상의 의식을 바른 지혜로 유지해 가는 것입니다.

이런 명상은 혼자서 하는 것이 좋고, 그러기 위해서는 사람들이 사는 마을에서 떨어진 장소를 선택하여 여러 해에 걸쳐 수행을 계속합니다. 마음을 움직이지 않고 한 점에 집중할 수 있게 되면, 세속의 세계로 되돌아가도 상관없습니다.

지금도 산에서 은둔하면서 혼자 수행에 정진하고 있는 티베트인이 많이 있습니다. 그들 중에는 깨달음을 얻지 못한 채 단지 수행을 하고 있는 척 하는 사람들도 많습니다. 그러한 수행자는 「간에 붙었다 쓸개에 붙었다 하는 사

람」이라는 티베트의 속담처럼 세속인도 승려도 아닌 존재입니다.

Q.
무상(無上)의 보리심에 도달하지 못한 평범한 대승불교의 수행자에게 달라이 라마 법왕이 장려하고 싶은 중용의 수행 도는 무엇인가요?

A.
윤회세계로부터 해방되기 위해서는 우선 그것을 강하게 원하지 않으면 안 됩니다. 그러기 위해서는 우선 고통을 고통으로 인식하고, 거기에 관해 생각을 해 볼 필요가 있습니다. 고통 중에서 최고의 고통은 행고(行苦: 보편적인 고통)입니다. 우리들의 심신을 구성하는 5가지의 모임[五蘊]은 무상(無常)입니다.

무상(無常)이란 어떤 원인으로부터 발생하여 항상 변화하는 것입니다. 이 경우 원인이란 우리들이 범한 불선(不善)의 행위, 악한 업, 그들의 근원인 번뇌를 가리킵니다. 이러한 무상은 원인에서 발생되어 우리들의 심신은 고통 그 자체입니다. 번뇌와 번뇌에 빠진 행위의 산물인 심신을 가지고 있는 한, 마음의 평안과 행복을 얻을 수 없습니다. 그것은 우리들뿐만 아니라 모든 살아 있는 것들을 포함한 것이라 말할 수 있습니다.

그렇다하더라도 무상의 모든 것이 고통의 본성을 갖고 있지는 않습니다. 가령 불타의 모든 지(智)는 무상이지만 고(苦)라는 본성을 갖고 있지는 않습니다. 우리들은 고통과 함께 태어납니다. 중유(中有)의 의식이 자궁에 들어가서, 태아가 성장하기 시작하면 육체의 각 부분이 미세한 부분부터 거친 부분으로

| 질 | 의 | 응 | 답 |

점차 형성되어 갑니다. 어느 단계에 들어서면 우리들은 고락을 느끼기 시작합니다.

아기의 탄생은 친족들에게 있어서는 축복 받아야 할 일이지만, 실제 이 탄생의 순간부터 진정한 고통이 시작되는 것입니다. 인간의 말로(末路)에는 바람직하지 못한 죽음이 기다리고 있고, 그 사이에는 늙으면 죽는다는 괴로움을 체험해야만 합니다.

그렇다면 자기 자신에게 물어보십시오. 인생에는 이 고통으로 가득 찬 육체를 기르는 이상의 의미가 있는 것인가 하고 혹시 우리들이 육체 가운데 머물고 있는 마음을 여유로 변용시킬 수 있었다면, 그것은 인생이 하나의 목적이라고 할 수 있는 것이 아닐까요.

논리적으로 말해 육체는 집착이나 애욕을 품을 가치가 있는 대상은 아닙니다. 아무리 다부지고 아름다운 육체를 가지고 있어도, 육체를 구성하고 있는 구성요소를 피부나, 뼈와 근육을 분석해 보면 아름답지 않다는 것을 알 수 있을 것입니다. 육체도 육체를 만들어 내고 있는 구성요소도 육체로부터 생겨난 것도, 모두 부정(不淨: 깨끗하지 못한)하고 불결한 그 자체입니다.

우리들의 이 육체는 부모의 정수(精髓)부분(정자와 난자)과 결합해 완성된 것입니다만, 이 부모의 정수부분도 또한 부정한 것입니다. 단 육체는 어떤 의미에서는 대·소변을 만들어내는 기계와 같은 것입니다. 음식물을 소화하고 소화시킬 수 없는 것을 밖으로 배출하는 것이 육체의 주요 목적인 것입니다.

인간의 신체란 화장실 같은 것, 누구도 화장실을 청결하다고는 생각지 않겠죠? 고맙게도 육체 속에는 마음이 자리 잡고 있습니다. 생각하고 분석할 수 있는 것은 우리들에게 커다란 기회를 가져다줍니다. 마음을 변화시키려면 수

|질|의|응|답|

행을 할 필요가 있습니다.

대승불교의 수행의 단계에 들어서면 우선 보리심을 다른 중생의 이익을 위해 깨달음을 이루려는 결의를 다질 필요가 있습니다. 인도의 논사(論師)들은 그것을 위한 두 가지 방법을 설명하고 있습니다. 하나는 「7가지의 인과 교계(敎誡)」, 다른 하나는 「자타를 평등하게 보고 교환하는 명상법」입니다.

「7가지 인과의 교계」를 행하려면 먼저 평등심을 유지해둘 필요가 있습니다. 친한 존재에게는 애착을, 적에 대해서는 미워하는 마음을, 적도 아군도 아닌 사람에게는 무관심을 이러한 마음상태를 버리고 모든 사람에게 평등한 감정을 갖도록 해야만 합니다.

「7가지 인과교계(因果敎誡)」에서 말하는 7단계 수행법이란,

(1) **모든 중생이 자기 부모임을 안다.**
　　자기가 수없이 이 윤회세계에 태어나 변화하고 있으므로 모든 중생이 한 번씩은 자기의 부모이며, 친구·친족이었던 것을 압니다.
(2) **그 은혜를 생각해낸다.**
　　그때 얼마만큼 은혜를 자기에게 쏟아 주었는가를 상기합니다.
(3) **그 은혜에 보답하려고 결의한다.**
(4) **자비의 마음**
　　은혜 깊은 존재인 모든 중생에게 똑같은 자비심을 일으킵니다.
(5) **불쌍히 여기는 마음**
　　그들이 똑같은 고통 가운데 있는 것을 이해하고 깊은 동정의 마음을 일으킵니다.

| 질 | 의 | 응 | 답 |

(6) 기특한 마음가짐

고통 가운데 있는 모든 중생을 고통으로부터 구해내려고 결의하는 것입니다. 이것은 우주적인 책임을 지는 기특한 마음가짐입니다.

(7) 보리심을 일으킨다.

마지막으로 모든 중생을 고통에서 건져내기 위해 자기 자신이 부처의 경지를 깨닫지 않으면 안 된다고 결의합니다. 이것이 보리심입니다.

보리심은 중생의 마음이 번뇌로부터 자유롭게 되고 일체지의 경지를 깨달음을 얻는 능력을 잠재적으로 갖고 있다는 전제하에서, 모든 중생에 대한 강한 동정심에서 행해집니다.

샨티디바의 《보리행론(菩提行論)》에 의한 보리심을 일으키는 또 한 가지 방법, 자타를 평등하게 보고 교환하는 명상법도 처음에는 평등심을 행하지만 명상방법은 다릅니다. 우선 살아 있는 모든 것은 고통을 피하고 행복을 바라는 그 의미에서는 자신도 남도 살아있는 것도 모두 같은 존재라고 관상(觀想)합니다.

다음, 자기 혼자를 사랑하는 것이 얼마나 어리석은가를 생각합니다. 자기 행복만을 추구하는 이기적인 인물은 친구를 잃고, 많은 적을 만듭니다. 반대로 자기와 타인의 입장을 바꿔 자기보다 타인을 중요시하고 타인을 사랑하면 수많은 친구가 생기며 적의 수는 감소해 가겠지요.

마치 샨티디바의 《보리행론》에 「이 세상에서의 모든 행복은 타인에게 행복을 가져다준다는 바램으로부터 생기며, 이 세상에서의 모든 고통은 자기 행복을 바라는 마음에서 생긴다.」라고 말하고 있는 것과 같이 이러한 생각에 근거

| 질 | 의 | 응 | 답 |

하여 스스로의 행복을 타인에게 보시하고, 타인의 불행과 고통을 끌어내어 「튼렌」의 수행을 합니다. 이것도 또한 보리심을 기르기 위한 훌륭한 수행입니다.

오늘날 티베트인이 보리심을 기를 때에는 「7가지 인과관계」와 「자타를 평등하게 보고 교환하는 명상법」의 양쪽을 조합하여 수행하고 있습니다. 이러한 수행에 전념하고 있으면 적조차도 감사한 존재로 보입니다.

이타심(利他心)을 기르려면 우선 분노나 미움을 억제하지 않으면 안 됩니다. 분노나 미움을 억제하려면 인내심이 필요합니다. 인내심을 기르려면 적이 있어서는 안 됩니다. 분노나 미움을 발생하게 하는 적의 존재가 있는 것이야말로 인내를 행할 수 있는 것입니다. 그렇게 생각하면 당사자의 동기야 어쨌든 적의 존재를 유효하게 이용할 수 있습니다.

자신의 적조차 고마운 존재라고 생각하게 되는 것이므로 그 이외의 살아있는 것에 대해서도 그것과 같은 시점으로 볼 수 있을 것입니다. 세속에서 욕망의 대상이 되는 것, 즉 부·명예나 건강이라는 것은 모두 다른 살아있는 것의 힘에 의존하고 다른 살아 있는 것에 의해 가져오게 되는 것입니다.

이렇게 여러분이 이 장소에 모여 서로 이야기할 수 있는 것도 많은 사람의 협력이 있었기 때문입니다. 회의장이 되고 있는 이 건물을 건설해 준 사람이 있다면, 회의장에 깔린 카페트를 만든 사람도 있고 버스를 운행하여 여러분을 여기까지 태워온 사람도 있습니다. 이러한 요소가 모두 갖추어지지 않으면 우리들이 이 장소에서 모이는 일도 없었을 것입니다.

이와 같은 맥락에서 생각하면 다른 살아있는 것의 도움 없이는 우리들이 살아갈 수 없다는 사실을 납득할 수 있다고 생각합니다. 또 업이라는 관점에서도 모든 살아있는 것은 감사한 존재입니다. 우리들이 이렇게 인간의 육체

| 질 | 의 | 응 | 답 |

를 가지고 태어날 수 있었던 것도 과거 좋은 업의 성과입니다.

  좋은 업은 일반적으로 이타심(利他心)을 갖고 이루어진 행위를 가리키므로 다른 살아있는 것의 도움 없이는 좋은 업을 쌓을 수 없겠지요. 어떠한 불교의 수행도 가장 중요한 것은 이타행, 즉 보리심의 수행입니다. 보리심을 행하려면 우선 불쌍히 여기는 마음을 가져 중생을 고통으로부터 해방시키고 싶다고 원하는 마음을 가질 필요가 있습니다.

  불쌍히 여기는 마음을 기르려면 중생의 존재가 불가결합니다. 부처들로부터 가지(加持: 부처나 보살이 신비스런 능력을 가지고 중생을 보호하고 돕는 것)를 얻을 수 있어도 부처와 같은 원대한 존재를 상대로 불쌍히 여기는 마음을 기를 수는 없습니다.

  그런 의미에서는 중생 부처보다 고마운 존재인 것입니다. 중생이 우리들에게 좋은 마음가짐, 좋은 동기를 품고 있는 지 어떤 지가 문제인 것은 아닙니다. 우리들이 귀하다고 생각하는 것 중에서도 그 자체적으로 좋은 동기를 품지 않은 것도 많이 존재합니다.

  예를 들면, 4가지의 성스러운 진리가 그렇습니다. 그럼에도 불구하고 우리들은 그것에 가치를 부여하고 소중하게 생각합니다. 보살의 길, 수행의 길을 걷는 자에게 있어서 모든 중생은 친구, 모든 환경은 수행의 장(場)입니다. 반대로 진짜 적은 아집과 아집을 가져오는 산란한 마음입니다. 이러한 수행을 함으로써 인간은 고통과 괴로움에서 자유로워질 수 있는 것입니다.

제3장 초심자를 향한 명상법

마음을 훈련하는 8가지 게송(詩頌) 76
쉬운 밀교 명상법 85
질의응답 95

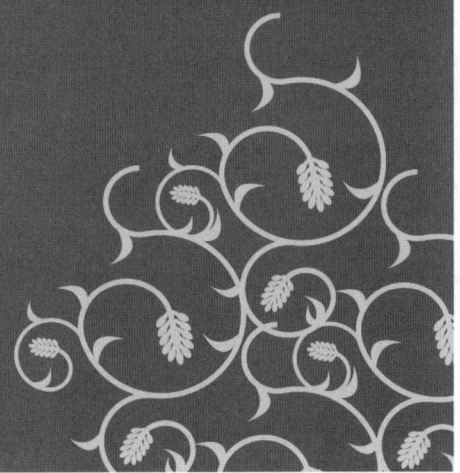

1절. 마음을 훈련하는 8가지 게송

이번에는 두 가지 교재를 가지고 이야기합시다. 하나는 보살(다른 중생을 위해 깨달음을 구하며 수행하는 사람)의 정신을 유지할 때의 원칙을 설명한 《마음을 훈련하는 8가지 게송(詩頌)》으로 몇 세기나 먼저 지어진 교재입니다. 다른 하나는 《초심자를 위한 쉬운 밀교 명상법》으로 짧은 명상법 교재로 제가 수년 전에 쓴 것입니다.

나는 이 「8가지의 게송」에 관련된 가르침을 구두전수(口頭傳授)의 보좌교사였던 원적하신 텐쟌 림포체로부터 받았습니다. 이후 나는 35년에 걸쳐 매일 게송을 외우고 그 의미를 명상해 왔습니다.

이 게송의 저자인 카담파(티베트불교 종파의 하나)의 케세 랄리 탐파는 보리심의 수행, 특히 자타를 교환하는 수행을 생애에서 가장 중요한 수행으로 보고 있습니다.

그러면 8가지의 게송을 간단히 설명하겠습니다.

1) 여의보주(如意宝珠)를 업신여긴다.
　모든 중생을 위해
　최고의 목적(부처의 경지)을 성취하려는 결의를 가지고
　항상 중생을 가엾게 여기도록.

중생의 존재가 있으므로 우리들은 여러 가지의 세속적인 행복을 얻을 수 있습니다. 또 우리들이 최종적인 목적으로 깨달음의 경지에 이를 수 있는 것도 중생의 존재가 있기 때문입니다. 그러므로 중생은 여의보주(如意寶珠: 소원을 무엇이든 들어주는 보주(寶珠))보다도 귀한 존재인 것입니다. 그러므로 우리들은「항상 중생을 가엾게 여길 수 있도록」하고 기도하는 것입니다.

2) 누군가와 아는 사이가 되고 싶으면
　　스스로를 가장 남보다 못한 사람으로 간주하고
　　마음 깊은 곳에서 다른 사람을
　　가장 **훌륭한** 사람으로 인정할 수 있도록.

누군가와 만났을 때 상대방을 업신여기며 우월감을 가져서는 안 됩니다. 스스로를 상대보다 못한 사람이라고 인정하지 않으면 안 되는 것입니다. 대중이라는 것은 우리들에게 행복과 깨달음을 가져다주는 부처들의 업과 같은 능력을 갖고 있는 것입니다. 그러므로 우리들은 중생을 사랑하고 존경하는 것입니다.

3) 무엇을 할 때에도 스스로의 마음을
　　마음속에서 음미하고
　　자타에게 위험을 주는 번뇌가 생기기가 무섭게
　　용감하게 정면으로 맞서 물러갈 수 있도록.

불교의식을 행할 때 어떤 장애를 만날 수가 있습니다. 이러한 장애는 외부로부터가 아닌 마음의 내부로부터 나타나는 것입니다. 번뇌야말로 우리들의 진짜 적, 우리들의 행복을 파괴하는 것은 바로 우리 내부에 있는 것입니다. 훈련이나 노력에 의해 스스로의 마음을 억제하고 번뇌를 억제할 수 있었을 때, 우리들은 진짜 마음의 평안과 평정을 얻습니다.

석존도 『당신의 주인은 당신 자신이다.』라고 말씀하셨습니다.

모든 것은 여러분 자신에게 달려 있는 것입니다.

보리심을 행할 때는 모든 번뇌와 나쁜 행위를 억제해 나아가지 않으면 안 됩니다. 우선 피해야 할 것은 분노입니다. 때로는 탐욕(욕망)이 행복을 가져올 수는 있어도 분노가 행복을 낳는 일은 결코 없습니다.

티베트에서는 이러한 격언이 있습니다. 「짜증을 내거나 화가 나면 팔을 물어라.」 짜증을 내더라도 다른 사람에게 내지 않고, '분노를 버려야지'라고 자기에게 말하도록 하라는 의미입니다.

4) 부정한 본성을 가진 중생이
　　무거운 죄나 고통으로 들볶이는 것을 보면
　　귀중한 보물을 발견한 것처럼
　　좀처럼 발견할 수 없는 것으로써 사랑할 수 있도록.

고통으로 들볶이고 번뇌에 쫓기는 사람들을 보면 거기에 관련되어 얽매일 우려가 있으므로 아예 무시해 버리는 사람도 있습니다. 보살들은 이러한 상황을 피하는 대신 다른 살아있는 것에게 행복을 가져다주는 좋은 기회로써 용감하게 거기에 당당히 맞섭니다.

5) 다른 사람이 질투함으로 나를 매도하고
조소하더라도
패배는 내가 떠안고
승리를 상대에게 줄 수 있도록.

누군가가 특히 당신에 대해 악의를 품고 있는 사람이 질투로 인해 당신을 매도하고 상처를 주어도 상대를 버려서는 안 됩니다. 이러한 사람이야말로 사랑의 마음을 쏟아 붓고 봉사해야 할 상대로 인정해야 할 것입니다. 이렇게 수행자는 스스로 '패배'를 떠맡고 '승리'를 상대에게 양보합니다. 이것은 자기 자신이 덕이 있는 사람이 되기 위해서가 아니라 다른 사람을 구하려는 의도이기 때문입니다.

그렇다 하더라도 '패배'를 떠안고 '승리'를 상대방에게 양보하는 행위는 긴 안목으로 보면 수행자 자신을 해치는 경우가 있을지도 모릅니다. 그러한 가능성이 있다면 하지 않는 편이 좋겠죠. 이타심을 행하고 있는 수행자가 이러한 상황으로 쫓긴다면, 도움이 되고 싶다는 강한 동기가 일어났음에도 불구하고 실제로는 반대의 일을 하는 편이 좋습니다.

아래와 같은 관점에서 생각해 보십시오.

무언가 불결한 상황이 발생하고 당신은 상당히 초조해 졌습니다. 이 경우 패자는 당신입니다. 왜냐하면 그 초조함은 빠르게 당신 마음의 평안을 파괴하고, 긴 안목으로 보더라도 바람직하지 않은 결과를 초래하기 때문입니다. 반대로 누군가에게 상처를 받더라도 마음의 평안이 무너지지 않는다면 승자는 바로 당신입니다.

인내심을 잃고 짜증을 내면 인간의 두뇌에서 가장 뛰어난 부분인 판단력을 잃게 됩니다. 화가 나면 올바른 판단을 할 수 없게 되고 말겠지요. 마음을 편안하게 유지하면 명석한 분석을 할 수 있습니다. 태연을 가장하여 상황을 잘 분석하고, 필요하다면 상대의 행동을 저지하면 좋습니다. 이것이 수행에서 말하는 승리와 패배인 것입니다.

6) 커다란 소원을 갖고 봉사한 상대가
　　이치에 맞지 않는데도
　　나에게 커다란 상처를 입힌다 하더라도
　　수행의 최고 스승이라고 여길 수 있도록.

　당신이 정성을 다한 상대가 은혜를 배신하는 것과 같은 행위를 한다면, 두 번 다시 상대를 돕지 않겠다고 생각할 것입니다. 물론 상대를 자기의 스승이라고 생각할 수는 더욱더 할 수 없을 것입니다. 그러나 이러한 기분이야말로 보리심의 수행자에게 있어서는 수행의 걸림돌이 됩니다.
　수행자는 자기를 배신하는 상대에게 마음으로 봉사하고 스스로의 스승으로 인정해야 할 것입니다. 자기의 적이야말로 수행의 스승임을 알아야만 합니다.

7) 요약하면 스스로의 모든 행복과 이익은
　　어머니가 되는 중생에게 드리고
　　중생의 모든 아픔과 고통은
　　은밀히 자기가 떠 맡도록.

당신은 단지 한 사람의 존재에 불과하지만 다른 생물은 수없이 많이 존재합니다. 아무리 당신이 훌륭한 존재라 하더라도 무수하게 존재하는 생물의 전체가 귀하다고 말할 수 있겠죠. 다소의 분별이 있다면 다른 생물 모두를 위해 스스로를 희생하는 것을 납득할 수 있어도, 자기 자신인 한 사람을 위해서 다른 생물 모두를 희생하는 것은 납득할 수 없을 것입니다.

여기에서 특별한 관상법(觀想法: 명상법)을 행하면 특히 좋겠지요. 자기 자신을 대단히 이기적인 인간으로 인정하고 자기 앞에 수많은 생물이 있다고 관상합니다. 그 어느 누구나 고통 가운데 있습니다. 생물은 실제로 여러 가지의 고통을 맛보고 있습니다만, 이기적인 당신은 무관심합니다. 거기에서 자신과 생물, 어느 쪽의 측면에 서야할지 생각해 보십시오. 이기적인 정치가라 하더라도 주저 없이 다수파인 생명 쪽에 서겠지요.

처음에는 이기적인 태도를 느끼는 것도 조절하는 것도 매우 어렵지요. 그러나 수행을 오랫동안 계속해 나가면 점차로 이루어 질 것입니다. 다른 생명체의 고통이나 결점을 떠맡는 것에 머물지 않고, 자기가 갖고 있는 행복이나 공덕과 같은 좋은 덕성을 생명체에게 나눠주는 수행도 함께 행하는 것이 중요합니다.(티베트어로 이것을 「받아라. 떠맡는 수행(톤렌)」이라 하여 보리심을 기르기 위한 기본 수행으로 되어있다.)

이상 7개의 게송은 세속적인 보리심의 수행, 결국 방편의 수행에 대해 이야기한 시입니다.

8번째의 게송은 궁극적인 보리심의 수행, 즉 지혜의 수행에 관련된 것입니다. 수행자는 세속적인 보리심의 수행에 의해 공덕을, 궁극적인 보리심의 수행에 의해 지혜를 쌓을 수가 있습니다. 궁극적인 보리심의 수행이란 공(空)을 보는 것입니다. 공덕과 지혜 두 가지를 쌓아감으로써 최종적으로는 부처의 색신(色身)과 법신(法身) 6) 을 얻을 수 있는 것입니다.

8) 그러한 모든 것인 세상 8가지[八法] 7) 의
사유의 더러움에 오염되는 일없이
모든 사상(事象)은 환영과 같은 것으로 깨닫는 마음이
집착 없이 (윤회의) 축으로부터 해방되도록.

건강과 장수를 얻고 세속의 행복을 향수(享受)한다는 바램에서, 혹은 위대한 수행자가 되고 싶다는 바람으로 수행하는 것은 근본적으로 틀렸습니다. 이와 마찬가지로 자비 수행의 대상(자비를 베풀어야 할 대상)에게 실체가 있다고 생각하는 것도 잘못입니다.

이 수행은 모든 사물이 환상과 같은 것이며, 고유의 실체를 빠트리고 있는 것을 이해한 다음 행하십시오. 「환상과 같은」이란, 언뜻 보기에 확고하게 존재하고 있는 것처럼 마음에 나타나지만, 잘 분석해 보면 실체를 빠트리고 있는 것을 의미합니다.

모든 사물은 다른 것에 의존하여 성립하고 있습니다. 이것이 불교의 견해입니다. 이전에 불교의 견해나 불교도들이 취해야 할 행동에 대해 말했습니다만, 여기에서 말하는 견해란 연기를 말합니다. 연기의 의미

---

6) 색신(色身)과 법신(法身): 법신(法身)이란 궁극의 진리 그 자체, 수행에 의해 번뇌나 지혜의 장해를 모두 제거한 사람은 모든 지(智)의 경지 즉 법신(法身)을 얻는다. 모든 살아 있는 생명을 구제하기 위해 부처들이 이 세상에 나타났을 때의 모습이 색신(色身)이다.

7) 세간팔법(世間八法): 인간의 마음을 어지럽히는 8가지. (1) 이득 (2) 손실 (3) 칭찬 (4) 비난 (5) 명예 (6) 비방 (7) 즐거움[樂] (8) 고통[苦]을 말한다.

에도 여러 가지의 수준이 있습니다만, 가장 깊은 것은 공성(空性)에로의 이해와 통합니다.

유래하고 있다는 것은 모든 사상(事象)에 고유의 실체가 없는 것이 증거입니다. 연기가 의미하는 것을 완전히 이해하면 세상 사람들의 의식에 나타나는 세계, 즉 말이나 사유의 허구에 의해 최고의 진실의 세계가 덮여서 가려진 세속의 세계가 어떤 방법으로 기능하고 있을지 깊게 이해할 수 있게 됩니다.

또 보리심이라는 강한 마음가짐의 바탕에 우리들은 보시(布施), 지계(持戒), 인욕(忍辱), 정진(精進), 선정(禪定), 지혜라는 6가지 완성의 수행〔六破羅蜜〕을 말합니다. 이 6가지의 완성된 수행은 「훌륭한 3가지 수행법〔三學〕 불교의 수행자가 반드시 하지 않으면 안 되는 계율·선정·지혜의 3가지 기본적인 수행」이라는 관점으로 다시 파악할 수도 있습니다.

「훌륭한 3가지의 수행 법」의 처음 것은 계학(戒學), 즉 계율에 관련된 수행입니다. 계율에도 소승불교의 계율〔別解脫戒〕, 보살의 계율, 밀교의 계율 3종류가 있습니다. 소승불교의 계율에도 승려를 위한 것과 재가 신도를 위한 두 가지가 있습니다. 재가 신도를 위한 계율의 기본을 이루는 것이 10가지 불선(不善)의 행위를 억제하는 계율입니다.

10가지 불선(不善)의 행위란, 신체에 의한 것이 살생·도둑질·음란의 3가지, 말에 의한 것 거짓말·농담·욕(거친 말)·이간질(사람사이를 갈라 놓는 말을 하는 것)의 4가지, 마음에 의한 것이 탐욕·악의·사견(邪見: 그릇된 견해)입니다. 사견(邪見)이란 주로 허무주의자의 견해를 가리키는데, 전지전능한 조물주가 있다는 견해도 잘못된 견해입니다.

보살계 실천의 기본은 자기보다도 남을 사랑하는 것입니다.

밀교는 소작(所作)탄트라, 행(行)탄트라, 요가·탄트라, 무상요가·탄트라의 4종류로 분류되는데, 요가·탄트라와 무상요가·탄트라에서는 어떤 계(戒)든 받을 필요가 있습니다. 왜냐하면 중요한 것은 우리들의 의식에 떠오르는 세속의 현상이나 사물에로의 집착을 단절하는 일입니다.

이들 3종류 계율의 수행 가운데서 우선 초보적인 것을 행하고 그것을 기초로 수준 높은 수행에 들어갑니다. 계율의 수행을 기초로 하여 선정의 수행[定學]과 지혜의 수행에 들어가는 것입니다. 지혜와 선정의 수행 기법은 대승의 현교(경전에서 명확히 밝혀진 가르침)에도 이야기하고 있습니다만, 티베트 불교는 밀교(비밀스러운 가르침)의 기법이 훌륭하다고 생각합니다.

2절. 쉬운 밀교 명상법

수년 전 저는 새로운 불교신자가 된 사람들에게 《초심자를 위한 쉬운 밀교 명상법》(부록으로 수록)이라는 소책자를 내놓았습니다. 이는 밀교의 관정(灌頂: 입문의식)과 같은 의식을 받은 일이 없지만, 밀교의 수행을 해보고 싶다는 사람을 위한 입문서입니다.

1) 귀의와 발보리심

출가와 귀의의 문구에 대한 설명을 생략하고 「관상」의 항목 (「눈앞의 허공에서 빛나는…」으로 기록되어있는 부분참조)부터 해설하겠습니다. 우선 석가모니불이 중앙에, 그 전·후, 좌·우에 금강수(金剛手)·타라·문수·관음의 네분의 보살을 관상합니다.

전지전능한 조물주의 존재를 부정하는 한편, 불교에서는 특히 무상요가·탄트라에서는 부처들의 누각인 만다라나 부처를 이야기합니다. 이러한 만다라나 부처들을 어떻게 해석해야 좋을까요.

석존이 사람의 몸으로 나타나는 것처럼 깨달은 사람은 여러 가지 모습을 가지고 나타나는 것이라는 것이 하나의 해석법입니다. 부처들은 살아있는 모든 것을 위해 눈에 보이는 모습을 하고, 즉 색신(色身)의 모습으로 이 세상에 나타나는 것입니다. 색신이 어떠한 형상이나 색을 취하는가는 중생의 마음 작용이나 잠재적인 경향에 의존하고 있습니다.

  색신의 본질은 부처의 모든 지(智) 그 자체입니다만, 중생의 마음 작용이나 다양한 환경에 따라 여러 가지 모습들을 나타내는 것입니다. 반대로 법신은 다른 살아있는 것에서 볼 수 있는 비슷한 형태가 아닌 깨달음에 이른 사람만이 실현할 수 있는 경지입니다.

  《칼라챠크라·탄트라》[8] 에 나오는 700명 이상의 신들은 부처의 심적(心的)특성을 나타낸 것입니다. 여기에서 관음은 부처의 자비, 문수는 지혜, 금강수는 행위 혹은 에너지, 여신인 타라는 행위와 동기부여의 힘의 화신입니다. 또 무상요가·탄트라에서는 석존의 두 제자 사리자와 목련존자도 보살로 봅니다.

  이야기를 관상법으로 되돌아갑시다.

  석가모니는 중앙 연화좌에 결가부좌로 앉고 오른손에 촉지인, 왼손은 배꼽 부근에 두고 그릇을 갖고 있습니다. 옥좌의 양 옆, 조금 앞으로 나온 곳에 사리자와 목련존자가 서 있습니다.

  수행의 길에 있어서 모든 번뇌와 장애를 완전히 제거한 상태가 법(다르마), 즉 진실한 이법(理法)입니다. 그러므로 다르마[法]에는 형태가 없고, 의식 그 자체에 관계가 있습니다. 그렇다 하더라도 수행시에는 다르마[法]는 경전의 형태로 석가모니의 우측의 옆 책상에 쌓아 올려져 있다고

---

[8] 《칼라챠크라·탄트라》는 11C 인도 밀교 최종기에 성립, 밀교 가운데서도 가장 고도의 가르침인 무상(無上)요가 – 탄트라에 속한다. 달라이 라마 14세는 매년 세계 각지에서 칼라챠크라의 관정(밀교의 입문의식)을 부여하고 있다.

생각하십시오.

경전의 본질이란 고통이 완전히 없어진 경지와 수행도(修行道) 입니다. 또 석가모니의 모든 지(智)의 마음, 이것도 원래는 형태가 없는 것인데 그 상징으로서 석가모니의 좌측에 불탑을 생각하십시오.

다음 3가지의 귀의 9)의 대상인, 즉 불·법·승 삼보를 생각해 내십시오. 중앙에는 석가모니불, 그 주위를 둘러싸고 있는 보살들이 있습니다. 이 보살들은 승가(僧伽)입니다. 삼보(三寶)가운데서 참된 귀의처는 역시 법(法)입니다. 우리들은 스스로의 안에 있는 다르마(法)를 각성했을 때 처음으로 고통으로부터 해방됩니다.

그러므로 다르마가 우리들을 보호해 주는 참된 귀의처인 것입니다. 마음 안의 다르마(法)를 깨닫기 위해서는 인도자가 필요합니다. 이것이 스승인 석가모니입니다. 다르마의 실천을 살아있는 것으로 하려면, 영적인 동지가 필요합니다. 이것이 승가(僧伽), 즉 수행자의 모임입니다.

또 귀의의 수행은 보리심의 수행이 반드시 동반됩니다. 그러므로 자기 주위에서 살아있는 모든 것을 관상하십시오. 특히 눈앞에서 당신의 적을 관상하십시오. 적대적인 존재는 당신에게 있어서 가장 어려운 존재이기 때문입니다.

반대로 당신의 뒤에 있는 적을 관상했다 하더라도 현실의 적이 도망

---

9) 귀의(歸依): 훌륭한 것에 절대적인 믿음과 말을 바치고 헌신하는 것. 불(佛)은 깨달음을 얻은 자(석가모니불), 법(法)은 부처님이 설하신 가르침, 승(僧)은 부처를 이루기 위해 도를 수행하는 사람들, 그 사람들이 모인 것을 승가(僧伽)라 한다. 이 불(佛)·법(法)·승(僧)의 세 가지 보물에 귀의하는 것이 불교 신도들이 가져야 할 최저조건이다. 또 법이란 말 자체에는 진실의 법(理法), 부처가 설한 가르침, 존재하고 있는 것의 여러 가지 의미가 표함된다.

쳐 주지는 않습니다. 관상의 이 부분에서는 살아 있는 모든 것이 어떤 심각한 고통에 빠져 있어 행복하지 못하다는 것을 여러 가지로 생각해 내고, 깊고 철저한 보리심을 일으키지 않으면 안 됩니다.

살아있는 온갖 것(중생)이라 하더라도 자기에게 있어서 먼 존재로 파악되는 것이 아닌, 우선 가족과 주변의 사람들을 생각하도록 합시다. 그렇지 않으면 사랑하는 마음을 쏟아 부을 대상에 대해 이야기하면서 머리에 떠올리는 것은 싸움의 대상이 되기 어렵습니다.

다음에 이렇게 생각합니다. 살아있는 온갖 것을 고통과 고통의 근원에서 해방시키기 위해, 존재의 참된 상태를 나의 마음의 참된 귀의처인 법을 깨달아야만 한다고, 이러한 마음가짐을 갖고 귀의의 만트라를 외웁니다.

『나무 붓타야』(부처님께 귀의합니다)

『나무 다르마야』(법에 귀의합니다)

『나무 상가야』(승가에 귀의합니다)

이것을 3번 혹은 21번 혹은 수백 번 외웁니다. 암송할 때의 동기와 결의에 비하면, 발음은 그다지 신경 쓰지 않아도 됩니다. 우선 바른 마음가짐과 결의를 마음가운데에서 기르면서 만트라를 암송하는 것입니다.

귀의의 문구를 다 암송하고 나면 《초심자를 위한 쉬운 밀교명상법》에 있는 것과 같이 칠지(七支)부분의 문구를 암송합니다. 그리고 잠시 석가모니불을 위시한 성스러운 존재에 의식을 집중시킵니다.

2) 만트라의 수행

모든 것을 명료하게 관상할 수 있었을 때, 부처 각각의 가슴 중앙에서 빛나는 둥근 월륜(月輪)을 관상해 보십시오. 어떤 월륜의 중심이라도 부처를 상징하는 문자[種子]가 새겨져 있고, 그것을 둘러싸고 월륜의 가장 자리에는 각 부처님의 만트라가 돌고 있습니다.

석가모니의 종자(種子)는 MUṀ(뭄), 관음은 HRĪḤ(후리-)[10], 문수는 DHĪḤ(디-), 금강수는 HŪṀ(훔), 타라는 TĀṀ(타무)[11] 입니다. 여기에서 저는 여러분에게 만트라의 구두전수(口頭傳授: 룬[12])을 가르치겠습니다.

[10) hrīḥ (乾栗)는 관자재보살의 종자(種子)이다. 종자란 본존의 신·구·의·공덕·갈마의 모두를 산스크리트의 문자로 상징한 것이다. 티베트 불교에서는 이것을 음사한 티베트 문자를 종자라고 한다. 명상의 실수에서 본존을 상기시킬 때, 우선 종자를 관상하고 그 종자로부터 본존의 모습이 나타난다는 방법을 사용하는 경우가 많다.(譯者註)

11) 타라는 관세음보살과 더불어 티베트에서 가장 인기가 높은 보살이다. 일설에는 타라 보살이 관세음보살의 눈에서 나왔다고도 한다. 타라는 산스크리트 명이고 티베트어로는 돌마라고 하는데, 돌마는 티베트에서 가장 흔한 여자 이름이기도 하다. 때문에 타라는 우리가 티베트 불교를 만나자마자 가장 많이 듣고 접하게 되는 보살이다. 그런데 이 타라 보살들은 젖가슴을 온통 드러내고 눈꼬리가 날카로운 이국 여성의 모습이고, 더구나 녹색 타라는 살색까지 시퍼래서 우리 불교미술에서는 전혀 본 적이 없는 매우 낯설은 모습이다.(譯者註)

12) 만트라의 구두전수란 불교에서는 사자상승(師資相承)을 중요시하기 때문에 만트라를 암송하거나, 밀교의 교재를 실천으로 옮길 때에는 그 가르침에 관련된 스승으로부터 구두전수(룬)를 받지 않으면 안 된다. 룬을 받음으로써 스스로도 가르침의 흐름에 연결되고 부처로부터 가지(加持)와 가호를 받을 수가 있다고 한다.

13) oṃ muni muni mahāmuniye svāha.
14) oṃ maṇi padme hūṃ.
15) oṃ arapacana dhīḥ.
16) oṃ vajrapāṇi hūṃ.

제가 암송한 후 3회를 반복해서 암송하십시오.

『옴 · 무니 무니 마하무니에 스바하』 (석가모니불 만트라) 13)
『옴 · 마니 빠드메 훔』 (관음 만트라) 14)
『옴 · 아라빠쨔나 디-흐』 (문수 만트라) 15)
『옴 · 바즈라빠니 훔』 (금강수만트라) 16)
『옴 · 따레 뜻따레 뚜레 스바하』 (타라 만트라)

이 만트라를 되도록 많이 암송하십시오. 암송하는 동안에 보리심을 일으키고, 살아있는 것에 대한 사랑 · 동정 · 배려의 마음을 기르도록 노력하십시오. 이와 같이 세 가지의 귀의처에 강한 외경(畏敬)의 마음을 길러 갑니다. 다음 부처들로부터 빛이 발하여 진다고 관상합니다.

요점이 되는 것은 석가모니의 만트라『옴 · 무니 무니 마하무니에 · 스바하』입니다. 이것은 깨달음을 조절하고 있는 것의 상징입니다.

관음은 부처들의 대자비(大慈悲)의 화신이기 때문에, 특히 자비의 마음을 행하려는 수행자는 관음의 만트라『옴 · 마니 빠드메 훔』을 집중하여 암송할 필요가 있습니다. 이 만트라는 죽은 사람의 추선(追善)공양을 위해 암송할 수도 있습니다.

문수는 부처들의 지혜와 지성의 화신입니다. 그러므로 학생이나 공부를 하고 있는 아이들이 문수보살의 만트라인『옴 · 아라빠짜나 디-흐』를 외우면 학습이 뒤지지 않고 진척됩니다. 또 절차를 통한 명료(明瞭)한 해답이 요구되는 소송문제에 휘말려있을 때에도 이 만트라가 도움이 됩니다.

금강수는 부처들의 에너지와 행위의 화신입니다. 금강수의 만트라 『옴 · 바즈라빠니 훔』은 장애를 제거하는데 도움이 됩니다. 불교의 수행자들이 미신에 관심을 갖거나 깊게 빠져서는 안 되는데, 이 만트라는 다른 세계의 살아있는 것에 의해 일어나는 장해를 제거하는 효과가 있다고 합니다.

　타라는 우리들의 몸 안에 있는 풍(風: 룬)을 정화할 수 있다고 합니다. 룬은 우리들의 의식을 대상물이 되도록 하고, 행위를 불러일으킵니다. 룬은 미세하고 특수한 에너지입니다. 마음의 평안과 건강, 부와 장수를 바라는 것은 타라의 만트라인 『옴 · 따레 뜻따레 뚜레 스바하』를 암송하면 좋겠지요.

　의식을 한 점에 집중하는 행법을 시도하고 싶은 사람은, 명상의 이 단계에서 그것을 실천하십시오. 이 수행법을 행할 경우, 여러 가지를 명상의 대상으로 취할 수 있습니다. 외적인 것, 내적인 것, 혹은 공성(空性) 그 자체도 상관없습니다.

　그때 의식의 집중을 방해하는 5가지 장해를 인식하여 8가지 대처법으로 그것을 퇴치해야만 합니다. 그것과는 별도의 테크닉이 마음의 9가지 발전단계, 그것을 초래하는 6가지의 힘, 4가지의 심적인 작용이라는 관점에서 이야기 할 수도 있습니다.

　이것에 대해서는 여기에서 언급하지 않겠습니다. 간단히 말하면 명상의 힘을 기를 때에 가장 중요한 일은 무엇에도 동요하지 않는 집중력과 명상의 대상의 명료한 힘입니다. 명상하는 주체인 마음도 맑고 깨끗하게 하고, 또한 각성(覺醒)해 있지 않으면 안 됩니다.

3) 관상의 요령

마음을 한 점〔一点〕에 집중시키는 것을 방해하는 두 가지 장해는, (1) 마음이 어둡게 침체되는 것〔惛沈〕, (2)마음이 산란하여 안정되지 않는 것 〔掉擧〕입니다. 흥분하여 산란(散亂)한 마음을 진정하려면, 고통에 대해 두루 생각합니다.

이 과정에서 마음이 지나치게 음울(陰鬱)하여 어둡게 가라앉는다면 바깥의 빛 속으로 나오든가, 자극이 되는 것을 생각하여 밝은 생각을 일으키도록 합니다. 이렇게 하여 마음이 지나치게 흥분하거나 지나치게 가라앉는 것을 피하는 것입니다.

때로는 명상 중에 미묘하게 마음이 흥분되거나 가라 앉거나하여 대상을 명료하게 관상할 수 없거나, 의식의 집중이 잘 되지 않거나 합니다. 그렇게 되더라도 무리하게 명상을 그만둘 필요는 없습니다. 다만 마음의 균형을 유지하도록 하면 됩니다.

마음이 동요되든가, 혼란하게 되면 어두운 방에서 명상을 하거나 벽쪽을 향해 명상해 보는 것도 좋겠지요. 마음을 한 점에 집중시키는 행〔止〕을 신중히 시작하려는 사람은 1회에 대해 약10분, 하루에 여러 번 가령 20회라도 수행할 필요가 있습니다. 불이 꺼지지 않도록 불씨를 계속 돌보는 것과 같습니다.

오랜 시간을 명상하면 마음은 어둡게 가라앉고, 대상의 명료함도 잃게 됩니다. 초심자 중에는 명상시간을 구분하여 하는 것이 좋겠지요. 어떤 인상적인 명상 포즈를 정하지만, 마음이 가라앉는 상태가 되는 수행을 수없이 봅니다. 마음이 어둡게 가라앉게 되면, 집중력이 없어지고 해 이해 집니다.

지(止)를 바르게 행하며 마음이 가라앉거나 흥분하는 일이 없이, 4시간 동안 명상의 대상을 유지할 수 있다면, 정말 숙련되었다는 표시입니다. 또한 명상을 바르게 계속할 수 있다면 일정시간 호흡도 멈출 수 있게 되겠지요.

4) 공성(空性) 그 자체의 관상

다음으로 공성 그 자체의 것을 명상합니다. 부처의 궁극적인 본성에 대해 두루 생각하게 하는 것입니다. 모든 사상(事象)이 실체를 빠트리고 있는, 즉 무아(無我)라면 우리들이 귀의의 대상으로 한 부처들도 또한 실체를 빠트리고 있는 것입니다.

우리들이 자기 자신을 분석할 때, 「아(我)」 혹은 「나」를 자신의 신체나 마음가운데서 찾아보는 것과 같이 부처라는 존재를 분석해 보십시오. 부처의 신체나 마음에서 부처를 찾아보아도 발견할 수는 없겠지요.

부처는 분명히 존재함에도 불구하고, 그렇게 명명하는 것의 본질을 발견한다 하더라도 신체나 마음과는 별도의 혹은 신체나 마음과 일체인 부처임을 발견할 수는 없습니다. 최종적으로 우리들은 심신이 5가지 구성요소의 모임〔五蘊〕에 「부처」라고 이름하는 것이 부처임을 깨닫기에 이릅니다.

다음은 당신 마음에 어떻게 부처가 나타나는가를 생각해 보십시오. 마치 당신의 「아」가 다른 존재에 의존하는 일없이 스스로 성립하고 있는 것처럼 보이듯이, 부처도 또한 다른 존재에 의존하는 일없이 스스로 성립하는 것처럼 보일 것입니다. 그러나 혹시 부처가 그 현상대로 다른 것에 의존하는 일없이 존재하고 있다면, 그 본질을 추구해 가면 발견할 수 있을 것입니다. 그럼에도 불구하고 발견할 수 없습니다. 거기서 당신은 부처가 현상대로의 존재가 아니라는 결론에 이를 것입니다.

　외적인 존재가 모두 공(空)인 상징으로써 아래와 같이 관상해 주십시오. 관음은 석가모니불의 머리 부분에, 문수는 석가모니의 목 부분에, 금강수는 가슴부분에, 타라는 배꼽부분에, 2대 제자는 양 겨드랑이로 녹아 들어간다고 관상합니다. 석가모니불 한분을 되도록이면 오랫동안 명료하게 관상하십시오. 최종적으로 석가모니 자신도 머리 부분과 발끝에서 서서히 빛이 되어 가슴 부분에 있는 월륜(月輪)에 녹아들어 갑니다.

　월륜의 중심에는 석가모니 부처의 종자(種子)가, 가장자리에는 만트라의 문자가 새겨져 있습니다. 월륜은 만트라에, 만트라는 석가모니의 종자(種子)인 MUM에 녹아듭니다. 종자 MUM도 또 빛에 녹아들고, 티베트문자의 MUM의 위에 있는 티클레(원형의 구슬과 같은 것)만 남습니다. 이것도 또 천천히 공(空)의 가운데로 녹아 갑니다. 이 공(空)이 되는 상태에 잠시 머무르십시오.

　석가모니불의 모습이 공안에 녹아들어 갔을 때, 석가모니 부처가 전혀 존재하지 않게 되었다고 생각해서는 안 됩니다. 이렇게 관상하는 것도 석가모니 부처님에게는 자립된 실체가 없다는 것을 깨닫기 때문입니다. 공이 되는 상태에 잠시 머무르는 동안, 재차 석가모니와 다른 부처들을 잠깐 자기 앞에 모셔놓고 관상해 보십시오. 그리고 명상을 마치고 회향(廻向)을 실천하는 것입니다.

|질|의|응|답|

Q.
명상에 의해 고차원의 존재와 같은 경지에 이를 수 있다 하더라도, 석존이나 타라 등의 부처들을 각각 특징을 갖춘 형태로 관상해야 하는 것일까요? 높은 경지에 이른 사람은 명상에 의해 직접 부처의 근원에 갈 수는 없는 것일까요?

A.
이 밀교의 수행에서는 여러 가지의 특징을 가진 부처들을 관상합니다. 명상 방법도 여러 가지입니다. 여기서 저도 무수히 많은 관상법(觀想法) 중에서 하나를 소개한 것입니다. 수행의 길에 있어서 반드시 부처들을 관상할 필요는 없습니다. 무언가를 관상하는 일없이 공성이나 보리심을 단순히 행하는 것만으로도 좋습니다.

지혜의 면에서는 공성을, 수단의 면에서는 보리심을 단순히 명상하는 것입니다. 그러나 밀교의 수행이라면 대체로 부처님의 관상을 빠트리지 않습니다. 왜냐하면 법신(色도 형태도 없는 진실 그 자체의 신체)뿐만 아니라 색신(바깥에 나타나 중생이 볼 수 있는 부처의 육체)을 수행의 성과로써 얻지 않으면 안 되기 때문입니다.

우리들은 주로 다른 사람의 구제를 바라기 때문에 부처의 경지를 얻으려고 하는 것입니다. 살아있는 모든 것을 구제하고 봉사하는 역할을 하는 것은 법신이 아니라 색신입니다. 그러므로 이타심에서 깨달음을 구하여 수행하는 사람들이 보리심을 기를 때에는 주로 결과로써 색신을 얻는 것에 의식을 집중시킵니다.

| 질 | 의 | 응 | 답 |

　인과의 법칙은 부처의 경지를 포함하여 모든 무상한 존재에 미치지 않은 곳이 없을 정도로 침투하고 있습니다. 그러므로 수행의 결과로써 색신을 얻기 위해서는 그 나름대로의 원인과 조건을, 실질적인 원인을 구비해 갈 필요가 있는 것입니다.
　경전에 의하면 보시(布施)나 지계(持戒)의 수행 등은 색신의 구유인(俱有因)이 되지만 실질인(實質因)은 되지 않는다고 합니다. 색신의 완벽한 실질인(實質因과 俱有因에 대해서는 주17 참조)이 되는 것은 밀교의 수행, 즉 인간의 체내에서 움직이고 있는 특별한 에너지, 풍의 행입니다.
　또 지혜의 행은 법신의 실질인이 됩니다. 인간은 깨달음의 경지에 있어서 색신과 법신의 두 가지 몸을 달성합니다. 그렇기 위해서는 두 가지의 다른 원인이, 수단(방편)과 지혜의 행이 필요합니다. 체내에 있는 특별한 에너지인 풍과 지혜를 함께 불러일으킨다면 수단(방편)과 지혜의 행을 합체시킬 수 있습니다.
　마음은 하나의 실체이지만 지혜와 방편이라는 두 가지 국면을 가지고 있습니다. 색신과 법신이라는 두 개의 몸을 활성화시키려면 지혜도 방편도 완벽하게 기를 필요가 있습니다. 색신이 어떤 모습을 하고 있는가 하고 물어도 명확한 대답은 어렵다고 할 수 있겠지요. 반드시 불상과 같은 모습이라고 단언할 수 없고, 겨우 이 세상의 인간이 상상할 수 있는 모습이라고 밖에 할 수 없습니다.
　밀교의 수행법인 본존의 요가에서는 수행이 성과로써 얻어지는 색신의 모습과 닮은 특징을 갖는 불상의 모습을 관상합니다. 그때 모습을 관상할 뿐 아니라 그것이 공(空) 그 자체임을 상기하고 이해합니다. 부처의 모습을 관상하

|질|의|응|답|

는 것은 방편의 행(行)에, 그 공(空)인 성질을 이해하는 것은 지혜의 행(行)이 되고, 마음에는 지혜와 방편 양쪽이 길러지는 것입니다. 이와 같은 이유로 밀교에서는 부처와 부처의 누각인 만다라를 관상하는 수행을 행하는 것입니다.

Q.
어느 절에 발을 들여놓았을 때 『여러분의 존재는 허상과 같다. 아주 맑게 하여 청정하기 때문에, 어지럽혀지는 일이 없다. 파악되는 일도 표현되는 일도 없다. 자성(본래 갖고 있는 성질)도 없고 장소도 없고, 원인과 행위에 의해 이루어져있다.』라고 조각한 문구를 보았습니다. 이것은 어떤 의미인가요?

A.
처음 1행은 우리들과 같은 극히 흔한 의식의 소유자에게 있어서 여러분의 존재는 허상과 같은 것이라는 의미입니다. 거울에 비친 얼굴이 아무리 실물과 같아 보이더라도 허상에 지나지 않은 것처럼 여러분의 존재는 얼핏 영구불변의 독립된 실체가 있는 것처럼 나타나지만 실제는 그렇지 않은 것입니다.
2행은 「징명(澄明)」, 「청정(淸靜)」, 「어지럽히는 일이 없다」라는 3가지 요소가 취해지고 있습니다. 이것은 우리들이 제거해야 할 3가지의 장해, 번뇌의 장해, 지혜의 장해, 명상(瞑想)의 장해를 암시하고 있습니다. 여러분에게 있는 존재의 참 모습을, 공성을 최대한까지 이해하려면 우리들은 이 3가지 장해로부터 해방되어야 하는 것입니다.
3행의 「파악되는 일도 표현되는 일도 없다.」라는 것은 우리와 같은 사람에

| 질 | 의 | 응 | 답 |

게는 개념에 의해 깨달음의 체험을 파악하는 일도, 세속의 말을 사용하여 그것을 충분히 표현할 수도 없다는 의미입니다.

마지막 행「자성도 없고, 장소도 없고, 원인과 행위에 의해 완전히 이루어져 있다.」란 해탈로 나아가는 3개의 문을 의미합니다.

Q.

명명으로서 사물이 존재하는 것이라면, 모든 것은 마음이 만들어낸 것에 지나지 않는 것일까요?

A.

모든 사상(事象)은 실체를 빠트리고 있고, 개념적 의식에 의해 가정적(假定的)으로 명명되어지고 있음에 불과합니다. 그러나 이것은 명명되면 그것이 존재한다는 의미는 아닙니다. 의식의 바램대로 바깥세계의 대상을 바꿔 만드는 일 등은 할 수 없는 이야기입니다.

그런 것이 된다면 선악의 구별도, 바른 인식도 바르지 않은 인식의 구별도 없어지고 맙니다. 모든 사물은 존재합니다. 그러나 거기에 다른 것에 의존하는 일이 없는 독립된 실체가 있는가 하고 묻는다면, 논증에 의해 부정되겠지요.

어떠한 사물도 여러 가지의 조건과 원인에 의해 생기며, 존재하고 없어지는 것입니다. 즉 독립된 항상 불변의 실체를 빼고, 개념에 의해 거짓으로 이름 붙여진 존재인 것입니다.

나가르주나는 《근본중송(根本重頌)》에서 석존이 어떤 질문에 대답할 수 없

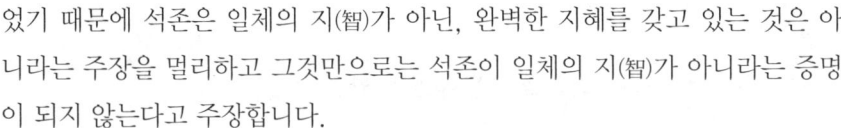

었기 때문에 석존은 일체의 지(智)가 아닌, 완벽한 지혜를 갖고 있는 것은 아니라는 주장을 멀리하고 그것만으로는 석존이 일체의 지(智)가 아니라는 증명이 되지 않는다고 주장합니다.

 석존이 대답할 수 없었던 것은 말로 할 필요가 없을 때는 입을 다무는 편이 낫다. 그 편이 오히려 도움이 되는 것을 암시하고 있음에 지나지 않습니다. 우리들이 피해야 할 10가지 악행의 행위 중에 거짓말이 있는데, 사람들의 사이를 멀어지도록 하려는 의도에서 진실을 말하는 것이라면 거짓말이 아니더라도 악한 행위로 분류됩니다.

 반대로 거짓말을 하더라도 그것이 다른 생물에게 도움이 된다면 선한 행위로 간주할 수 있습니다. 그 말이 악의에 의한 것인가, 선의에 의한 것인가에 달려있는 것입니다.

 석존은 어떤 가르침 속에서 심신의 5가지 구성요소의 모임[五蘊]이 짐[荷物]과 같은 것이라면, 사람[我]은 이 오온이라는 짐을 나르는 존재라고 설명하고 있는데, 그것으로 판단하면 사람에게 항상 불변하는 독립된 실체가 있는 것과 같습니다.

 그러나 이것은 석존의 궁극적인 견해와는 상반된 것입니다. 인간에게는 영원히 변하지 않는 자아가 있다는 잘못된 견해에 집착하고 있는 사람들을 위해 석존은 이 가르침을 말한 것입니다. 이러한 사람들에게 무아론을 설명해도 무시될 뿐이기 때문입니다.

| 질 | 의 | 응 | 답 |

Q.
궁극적으로 논리는 의미를 가질 수 있나요?

A.
눈이나 귀의 의식이라는 세속적인 수준의 의식으로 인식할 수 있는 세계가 있다면, 각성의 경지에 이르기까지 인식할 수 없는 고차원의 세계도 있습니다. 마음이 그러한 높은 경지에 이르더라도 명석한 사고방식은 빠트리지 않습니다.

대승불교에서는 석존의 가르침도 문자 그대로 받아들여도 좋은 것과, 해석이 있는 것의 두 종류가 있다고 합니다. 그렇다면 어떤 가르침을 문자 그대로 받아들여도 좋을까요.

석존의 가르침은 여러 가지 문맥가운데서, 여러 가지의 다양한 표현으로 이야기 되어있으므로 논증으로 밖에 판단할 수 없습니다. 끝없는 억측을 피하려면 올바른 논리의 이치를 이용하여 판단을 내릴 수밖에 없습니다. 논리에 반하는 것이 부처의 궁극적인 견해가 되는 일은 없습니다.

Q.
아까 밀교의 명상을 해설하셨을 때 자기 눈앞에 있는 적(敵)을 관상시키라고 말씀하셨습니다. 우리들에게 있어 근본의 적이 번뇌라면 번뇌를 눈앞에서 관상해야 하는 것은 아닌가요?

|질|의|응|답|

세상일반 통념으로서는 적과 아군의 구별은 존재합니다. 상대방의 동기를 이해할 수 없으므로 누군가를 적으로 간주하고, 적과 아군이라는 구별을 하고 있는 것입니다. 처음부터 끝까지 일관하여 적이 되는 것이 무엇인가 하면 그것은 바로 번뇌입니다. 번뇌야말로 진짜 적인 것입니다. 그러므로 세상의 일반 통념으로써 바깥세계의 적이 인간의 모습을 취한 적의 존재를 부정하는 것은 아닙니다.

자기에게 위해(危害)를 가하려고 하는 바깥세계의 적이 있었다면, 미움의 마음을 일으키는 대신에 인내를 유지하기 위한 기반, 인내의 대상으로 간주하십시오. 누군가가 적과 아군의 입장만을 취하여 화를 내거나 탐욕을 일으키거나, 번뇌에 의해 감정이 항상 요동하는 듯한 나쁜 습성을 끊어버리지 않으면 안 됩니다.

번뇌는 분명히 최대의 적인데, 자기내면에 있는 번뇌를 근거로 인내를 기르려고 하더라도 얻는 것은 없습니다. 불교의 수행법에서는 내면의 적과 번뇌와 싸우기 위해서는 우선 방어, 그리고 공세를 합니다.

처음 단계에서는 번뇌 그 자체를 부수는 대신에, 그 이외의 마음이 번뇌의 영향을 받지 않도록 방어책을 취합니다. 재가의 신자가 살생, 거짓말을 하는 몸[身]·말[口]·마음[意]에 의한 악한 행위를 억제하는 것이 그것입니다. 이것은 즉시 행할 수 있는 수행입니다.

살아있는 것을 죽이는 일이나 거짓말을 하는 것을 악으로 간주하는 것은 사회통념이며, 살인을 범하면 사형에 처해지는 일도 있습니다. 그러나 불법

| 질 | 의 | 응 | 답 |

을 실천하는 사람은 경찰관이 그 장소에 있든 없든 청정한 계율을 지키고 살생이나 거짓말한 행위를 억제하지 않으면 안 됩니다.

수행자는 항상 주의 깊게 자신의 행위가 좋은 것인지 나쁜 것인지, 동기가 깨끗한 것인지 부정한 것인지를 잘 음미해야만 합니다. 하루도 빠트리지 않는다는 결의를 갖고 시작하는 것도 좋겠지요.

매일아침 눈을 뜨든 뜨지 않던 간에 자기에게 말하십시오.

"나는 죽을 때까지, 특히 이번 달은 매일 정신적인 생활을 하면서 보내야겠다. 적어도 다른 살아있는 것을 상하게 하지 않고 되도록이면 이타행을 하려고 한다."

비지니스를 하더라도 교육이나 기술공학 등 어떠한 전문 분야에 있더라도, 아니 전쟁에 관해서도 고결한 것은 높은 도덕이 구해집니다. 결코 인간으로서 당연한 감정을 잃는 일이 있어서는 안 됩니다. 당신 자신이 경찰(警察)이 되어 스스로를 감시하고 판단하는 것입니다. 무언가 나쁜 일을 했다면 스스로를 벌합니다. 육체적인 것이 아니라 정신적으로 잘못을 인정하고 참회하는 것입니다.

이와 같이 자기의 행위와 생각의 구석구석까지 주의를 기울이면서 하루를 보내고 밤에 잠을 자기 전에 하루의 행동을 되돌아봅니다. 상인이 하루의 결산을 내고 손익을 계산하듯이 수행자도 자기의 마음이 이룬 선악의 수지 결산을 내는 것입니다. 어느 정도 선한 생각과 나쁜 생각을 품었는지 자기 자신에게 물어 보십시오.

특별한 주의를 기울여 심신을 다루어 가는 사이 행동거지 하나하나가 선한 방향으로 변해 갑니다. 인내심이 부족하여 안달하기 쉬운 사람이 보다 여유

있게 변합니다. 이것이 인내(忍辱) 수행(修行)의 첫 발걸음입니다.

그리고 인내의 행(行)을 계속해 가면 스스로를 다루는 내적인 힘이 증가하여 잘못된 행위를 억제할 수 있게 되고, 다른 생물을 해치는 일이 없는 자비와 배려의 마음을 가진 정직하고 선한 인간으로 변해 가겠죠. 그러한 덕성이 증가하면 증가 할수록 마음은 흔들림이 없이 안정되어 갑니다. 게다가 용감하게 의지하는 힘도 증가해 가는 것입니다.

나는 항상 여러분에게 배려의 마음과 자비를 갖도록 호소하고 있습니다. 윤회전생을 믿든 안 믿든 간에, 기독교에서 말하는 조물주를 믿든 안 믿든 불타를 믿든 안 믿든 배려의 마음과 자비 두 가지는 모든 종교의 공통적인 것이며, 또한 보편적인 것이라 할 수 있지 않을까요.

신앙의 형태는 가지각색이더라도 중요한 것은 선한 사람이 되는 것입니다. 늦든 빠르든 우리들도 언젠가는 죽습니다. 그때 후회의 마음을 갖고 과거를 되돌아보아도 이미 늦은 것입니다. 그러므로 매일을 유효(有效)하게 보내십시오. 다른 생물을 해치는 일없이 이타(利他)의 생각으로 접하십시오. 그러면 충만한 생각을 품고 평안하게 죽어갈 수 있겠지요. 몇 명의 친구가 울지도 모르지만, 다음 생에는 보다 좋은 인생을 가져오는 것은 보증됩니다.

다음으로 공성(空性)을 고찰합니다. 이 시점에서 내면의 적, 번뇌에 대해 공세를 하는 것입니다. 아마 인도의 전 수상이었던 모랄지 도사였다고 생각합니다만, 비폭력에 대해 이야기를 나눴을 때 중요한 것은 수단이라고 들은 적이 있습니다. 좋은 동기가 있고 좋은 결과가 초래되더라도 폭력은 결코 허용하지 않는다는 것이 그의 입장이었습니다.

그러나 불교도의 관점에서 보면 수단보다 동기나 결과가 중요한 것입니다.

| 질 | 의 | 응 | 답 |

동기가 좋으면 결과도 좋은 것이 되겠고, 혹시 그 기회가 잘 진행되지 않더라도 진지(진실)한 동기에 근거하여 행위를 한다면 실패라고는 말할 수 없는 것입니다.

티베트에 이런 이야기가 있습니다.
작은 흙으로 만든 불상이 바깥에서 비에 젖게 되었습니다.
한 남자가 지나가면서,
"불상을 비에 젖게 하다니 불성실하군."하고 생각을 하면서, 불상을 덮을 것을 찾았습니다.
그런데 눈에 띄는 것은 낡은 구두의 밑창뿐이었습니다. 할 수 없이 그 남자는 그것으로 불상을 덮어두었습니다. 조금 후 다른 남자가 그 옆을 지나면서,
"불상에 헌 구두 밑창을 뒤집어씌우다니 불성실하군."하고 생각하여, 구두 밑창을 없앴습니다.
잠시 후 비 때문에 불상이 무너져 버렸습니다. 불상에 밑창을 덮어씌우는 것도 부수는 일도 외견상으로는 나쁜 행위라 할 수 있습니다. 그러나 둘 다 모두 진지한 동기를 갖고 행위를 하였으므로 똑같이 좋은 업을 쌓은 것입니다.
이제까지 우리들은 마음을 조절하는 방법을 어떻게 하여 마음을 정화하고 진화시켜 가는가를 토론해 왔습니다. 이것은 대단히 중요한 일이므로 꼭 실천해 보십시오. 처음에는 상당히 어렵겠지만 꾸준히 정진하는 사이에 새로운 경지를 체험할 수 있을 것입니다.

제4장 불교의 전체적인 모습

수행을 통합 106
네 가지 성스러운 진리 108
소승불교·대승불교·밀교 116
명상에 적합한 환경 118
귀의의 상징 121
좌법과 호흡법 124
질의응답 126

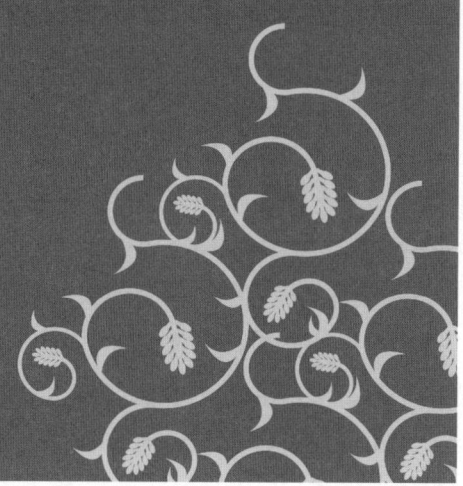

1절. 수행을 통합

　폭력과 잔인성이 계속 증대하고 있는 현대에 있어서 비폭력이라는 불교의 메시지는 매우 중요합니다. 마하트마 간디와 마찬가지로 저도 석존의 가르침의 정수를, 고대의 인도 성자의 가르침과 함께 하루하루의 생활 속에서 활용해야 할 것이라고 생각합니다. 가르침의 요지를 받아 일상생활에 활력을 주십시오.

　종교적으로 영적인 가르침을 일상생활로부터 동떨어진 것으로 간주한다면, 가르침을 바르게 활용할 수 없게 됩니다. 일상생활에 있어서 영적인 수행을 잊어버리는 것도 또한 잘못된 태도입니다. 인도라는 나라가 과학기술에 의해 물질적으로 계속 진보해 가는 것과 풍부한 문화유산을 보호 유지해 가는 것은 매우 중요한 일입니다.

　미래에 전 세계가 조화를 이루며 살아갈 수 있다면, 서로의 차이로 의견 대립을 한다든지 싸우는 일도 없이 진정으로 자발적으로 전 인류가 하나의 가족이 될 수 있다면 실로 멋있는 일입니다. 그러한 좋은 시대가 도래 한 그 날에는 각각의 민족 독자성이 되고 있는 문화유산을 버릴 수도 있겠죠.

　그때까지는 스스로의 문화유산을 보존, 유지해 가는 것이 중요합니다. 특히 인도 고대 전통문화와 같이 정신의 단계와 깊게 관련된 문화의 경우는 한층 그렇습니다. 물질적인 발전에는 반드시 문화를 동반해야 할 것이며, 문화라는 것은 정신적인 면의 발전과 깊은 관련이 있는 것입니다.

앞에서 설명했듯이 이 강의는 지극히 비공식적인 것입니다. 아무쪼록 집에서 모인 것처럼 유유자적하게, 마음의 평안과 좋은 본성을 유지하여 하루하루의 문제를 느끼기 위한 방법에 대해 의견을 나누고, 서로의 체험을 나누시지 않겠습니까.

마음의 평안을 얻을 수 있다면 가정 안에서도 평안이 가득 찬 분위기가 생기고, 자녀나 손자 등 다음 세대에도 은혜가 넘칠 것입니다.

2절. 4가지 성스러운 진리

　어떤 문제에 직면했을 때 그 장소에 관한, 또는 그 일에 대한 대처법을 간단히 알 수 있는 방법이 있습니다. 마음이 몹시 지쳐있어 가라앉아 버린다면, 그 문제는 주말까지 우선 미루어 놨다가 여러 날 머리를 쉬게 하는 것이 좋습니다. 그러한 방법도, 그 장소의 범위 내이기는 하지만, 하나의 대처법은 있습니다. 단지 문제 그 자체는 남습니다만, 문제를 발견하고 그것을 분석함으로써 문제로부터 해방된다는 방법도 있습니다.
　어떤 일에 대해 너무 가까이에서 살펴보면 문제가 매우 커 보이고, 자기 스스로는 해결할 수 없는 것처럼 느껴집니다. 반대로 떨어져서 보면 이번에는 중요한 것이 아닌 것처럼 느껴지는 것입니다. 거기서 문제를 이성적으로 분석하고 생각을 가다듬을 필요가 있습니다. 이것은 매우 유효(有效)한 수단입니다.
　석존도 출가하기 전 사람들이 두려워하는 고통을 당하고 바람직하지 않은 현상으로 간주하고, 그것을 극복하는 수단과 방편을 찾았습니다. 그 대답을 찾는 과정에서 깨달음을 펼치기 전에 석존은 엄격한 수행으로 고행(苦行)을 했습니다. 6년간에 걸쳐 변변히 음식도 먹지 못하고 명상을 계속한 것입니다. 이것은 중요한 의미를 갖고 있습니다.

이렇게 불교의 수행을 하는 사람은 고난에 견딜 각오와 사람이 할 수 없는 용기를 얻을 수 있는 것입니다. 이것은 불교뿐만 아니라 다른 종교 대부분 위대한 스승들의 인생에서도 분명하게 되살려볼 수 있습니다. 스승들의 대부분이 스스로의 마음을 정화하기 위해 커다란 희생을 감수하고 있습니다.

　석존이 깨달음을 펼치며 처음이야기 한 것이, 4가지의 성스런 진리〔四聖諦〕의 가르침입니다. 이것은 인과론에 근거하여 설명되고 있습니다. 불선(不善)의 행위에 대한 결과로써 바람직하지 않은 고통을 맛보는 것이 윤회이며 그것이 근원에 해당합니다.

　윤회와 인간을 윤회 속에 넣어버리는 힘을 설명하기 위해, 석존은 네 가지의 성스런 진리의 첫 번째와 두 가지로 고통과 고통의 원인에 관련된 진리〔苦諦와 集諦〕를 말했습니다. 나머지 두 가지 진리는 고통이 멸한 궁극적인 평안의 경지인 열반에 관련된 진리〔滅諦〕와 거기에 이르는 수행도에 관련된 진리〔道諦〕입니다. 그러므로 석존은 4가지 진리를 인식하여 이렇게 설명한 것입니다.

　『이것이 고통에 관련된 진리이다. 이것이 고통의 근원에 관련된 진리이다. 이것이 고통이 멸한 경지에 관련된 진리이다. 이것이 그 경지에 이르기 위한 도(道)다.』

　명상에 의해 4가지의 진리를 깨달은 후 석존은 우리들이 4가지의 진리를 이해할 수 있도록 실제적으로 진리를 나타냈습니다. 네 가지 진리를 이해하고 그것을 수행의 도(道)에 융합해 가기 위해서는『석존은 고통은 고통이다』라고 인식하고, 고통의 근원을 방임해야 할 것이라고 설명했습니다.

고통을 나쁜 것으로 인식할 수 없는 한, 사람은 고통에서 도망치려고 생각하지 않겠지요. 우선 여기서 우리들은 윤회가 고통 그 자체임을 인식하지 않으면 안 됩니다. 고통의 근원인 윤회를 극복함으로써 우리들은 고통이 멸한 깨달음의 경지에 이릅니다. 그래서 우리들은 수행의 길에 들어가는 것입니다. 고통을 분석해 가는 사이 분명한 모순에 부딪히게 됩니다.

석존도 말씀하셨듯이,

『고통을 인식하지 않으면 안 된다. 그러나 인식해야 할 고통은 존재하지 않는 것이다. 고통의 근원을 버리지 않으면 안 된다. 그러나 버려야하는 고통은 존재하지 않는다. 고통이 멸한 경지를 획득하지 않으면 안 된다. 그러나 그러한 경지는 존재하지 않는 것이다. 고통이 멸한 경지에 이르는 길을 행하지 않으면 안 된다. 그러나 행해야 할 수행의 갈등은 존재하지 않는다.』

모순이란 고통을 발견하고 분석해보면 고통이 다른 것에 의존하는 일없이 객관적인, 독립된 사상(事象)이라고 생각할 수 없게 됩니다. 바람직하지 않은 체험인 고통도 궁극적으로 평안의 경지인 열반도, 원인과 조건에 의해 생겨난 것입니다. 다른 것에 의존하는 일없이 자립하여 존재하고 있다는 것은 아무것도 없습니다. 모든 사물은 원인이 있어서 존재하고 있는 것입니다.

1) 12연기(緣起)와 고통의 발생

석존은 12연기(인간의 고통이 어떻게 성립하는가, 그 원인을 12단계의 과정으로써 설명하고 있다.)의 가르침 속에서 고통과 고통의 인(因), 이들 인(因)으로부터 어떻게 고통이 생겼는가에 대해 상세히 설명하고 있습니다.

12연기란 (1)무명(無明) (2)업의 형성력〔行〕 (3)의식(意識) (4)명칭과 형태〔名色〕 (5)감각이 성립하는 6가지 장소〔六處眼耳鼻舌身意〕 (6)접촉(觸) (7)감수작용〔受〕 (8)갈애(渴愛) (9)집착〔取〕 (10)생(生, 有) (11)재생 (12)노사(老死)입니다.

하나의 단계는 반드시 앞의 단계에 의존하여 일어나고 그것이 없이는 생겨날 수가 없습니다. 노(老)와 사(死)를 끝으로 하기 위해서는 그 속에 있는 진짜의 트러블메이커를 12연기의 처음단계인 무명(無明)을 단절할 필요가 있습니다. 처음단계를 단절하면 남은 11가지는 저절로 소멸합니다.

석존이 윤회세계를 만들어 낸 것은 무명(無明)임을 간파하셨던 것입니다. 인도의 대학자 아상가〔無着〕는 삼연론(三緣論)이라는 이론에 근거하여 고통의 생성 방법에 대해 이야기하고 있습니다. 최초의 인연은 부동연(不動緣)입니다.

고통이 하나의 의도, 동기에서 생긴 것이므로 절대 창조자와 같은 존재에 의해 생긴 것이 아닌 고통은 고통의 원인(因)으로부터 밖에 생기지 않는다는 의미에서 부동(不動)인 것입니다.

다음은 무상연(無常緣)입니다. 고통은 원인과 조건으로부터 생긴 것은 아닙니다만, 그 원인이나 조건조차 무상한 존재입니다. 왜냐하면 항상 있는 것이라면 변화하는 것이 없기 때문에 쓸데없는 결과를 만들어 내는 것은 불가능하기 때문입니다.

마지막은 효력연(效力緣)입니다. 원인과 조건이 무상인 것만으로 충분하지 않습니다. 원인과 조건도 각각 결과를 만들어내는 특수한 효과를 가지고 있을 필요가 있는 것입니다. 하나의 조건만으로는 아무 것도 발생하지 않습니다.

2) 불교는 인간의 종교

불교도는 조물주인 신을 인정하지 않습니다. 자기 자신이 조물주입니다. 불교도에 있어서 조물주는 우리들의 마음 그 자체인 것입니다. 우리들의 마음은 부정하고 나쁜 업으로 더럽혀져 있는 한, 나쁜 결과를 바람직하지 못한 결과를 얻게 됩니다.

우리의 마음이 정화되어 깨달음의 경지에 이르렀다면 모든 나쁜 결과는 끊어지고 좋은 결과만 나타납니다. 우리들은 자주 불교는 인간의 종교이며 조물주, 또는 절대신에 관계된 종교가 아니라고 합니다. 불교란 어떻게 자신을 신뢰하는가 어떻게 자기 마음을 훈련하는가를 말하는 종교입니다.

불교도가 고차원의 존재를 인정하지 않는 것은 아닙니다. 윤회에서 이미 해방되어 깨달음의 경지에 이른 2차원의 존재가, 여래나 보살이 무수히 있다고 합니다. 그러한 형태의 고차원의 존재라면 우리들은 받아들이고 있습니다. 특히 금강승(金剛乘)에서는 분노나 번뇌를 벗어난 열반에 이르는 경지의 모습을 한 여래나 보살이 있습니다.

이러한 여래나 보살·여신·호법존(護法尊) 등은 하나의 존재의 화신입니다. 때로는 자기 마음이 조물주인 것도 있습니다. 그렇다면 불교도에 있어서 석존이란 어떤 존재일까.

불교도에 있어서 석존이란 고난에 찬 수행을 한 결과 깨달음을 펼친 존재, 지혜와 자비로 가득찬 경험을 쌓은 스승으로써 스스로의 체험을 통해 우리의 도(道)와, 마음의 정화법을 보여주는 존재인 것입니다.

3) 세속 진리로부터 궁극의 진리로

석존 즉 부처님은, 무명에서 노사에 이르기까지의 12연기와 그것을 끝으로 이끄는 수단을 말씀하셨습니다. 사람이 어째서 윤회를 하는 것인가? 또 윤회로부터 해탈하기 위해서는 4가지의 성스런 진리를 이해하고, 그것을 실천하지 않으면 안 된다고 말한 후에 두 가지의 진리(二諦)를 말했습니다.

고통을 인식하지 않을 수 없습니다. 그러나 인식해야할 고통은 존재하지 않는다고 말했을 때, 석존은 두 가지 진리에 대해 궁극의 진리(眞諦)와 세속의 진리(俗諦)에 대해 말하고 있는 것입니다.

예를 들면, 여기에 아름다운 꽃이 보이지요. 이것은 시시각각으로 변화합니다. 고열이 가해지면 더욱 크게 변합니다. 열이나 추위라는 조건이 꽃에게 변화를 가져다주는 것입니다.

누군가가 이런 말을 했다고 합니다.
"이것은 좋은 장미다. 모양도 아름답고 꽃의 색도 좋다."
그런데 또 한 사람은 이렇게 말합니다.
"이 장미는 좋지 않다. 아름답지만 독한 가시가 있어 닿으면 상처가 날거야."
이렇게 우리들은 하나의 대상을 여러 가지로 판단합니다. 좋다·나쁘다 · 좋지도 나쁘지도 않다 하고, 대상물의 성격이 상대적인 것이므로 여러 가지로 판단할 수 있는 것입니다. 이것은 그것이 다른 요인에 의존하고 있는 것을 나타냅니다.

아름답던지 · 좋던지 · 나쁘던지 한 특성이 다른 것에 의존하지 않고 자립된 것이라면, 어떤 태도로 보더라도 아름다움이나 좋거나, 나쁘다는 특성은 변하지 않을 것입니다. 이것은 개념이, 이 경우는 「아름답다」라는 개념입니다만, 상대적인 것을 나타내고 있습니다.

이 꽃과 같은 보통의 사물을 여러 가지 각도에서 바라보고, 거기에서 생긴 여러 가지 개념을 검토해 가면 사물에는 이것들의 다른 개념을 허용하는 기반이 준비되어 있음을 짐작합니다. 기반이 되는 것은 독립된 실체를 빠트리고 있는 즉 공(空)인 것입니다.

테이블 위에 아무 것도 없다면, 많은 것을 올려놓을 수 있습니다. 그러나 이미 무언가 놓여 있다면, 이 이상의 것을 올려놓을 수 없습니다. 그것과 마찬가지로 사물에 항상 불변의 실체가 준비되어 있다면 다른 개념을 받아들일 수 없습니다.

공이 있어 연기하고 있는 것은, 여러 가지의 기능과 개념을 수용할 기반을 갖추는 역할을 다하는 것입니다. 이것은 두 가지 수준의 존재가 있음을 나타냅니다. 하나의 수준은 무엇인가의 기반 위에서 여러 가지의 상(相: Aspect)이 가능할 수 있습니다.

단 존재는 다른 하나의 수준인 기반 그 자체를 직접 볼 수는 없습니다. 단 깊은 생각을 함으로써 이들 모두 상(相)을 가능하게 하는 무엇인가가 있음은 틀림없다고 추측할 수 있는 것입니다. 이렇게 기반으로서 공을 깨닫는 것입니다. 세속의 진리와 궁극의 진리라는 두 가지의 진리는 다른 현상입니다. 그것을 이해하면 네 가지의 진리에 대한 이해도 깊어지겠죠.

번뇌와 번뇌에 의해 일어난 업은 고통을 낳습니다. 석존은 번뇌 그 자체는 억제되지 않는 나쁜 마음이 생긴다고 말합니다. 이 억제되지 않는 마음도 또한 원인과 조건에 의존하고 있습니다. 마음도 또한 항상 불변하는 존재가 아닌, 원인과 조건에 의해 변화하고 선악을 불문하고 여러 가지 형태나 상태로 변용할 수 있는 어떤 종류의 본질을 갖고 있습니다. 그러므로 수행에 의해 번뇌를, 번뇌 이전의 억제되지 않은 나쁜 마음을 제거해 갈 수 있는 것입니다. 고통의 근원을 제거할 수 있다면 고통 그 자체도 멸할 수 있습니다.

이렇게 우리들은 두 가지의 진리를 이해함으로써, 4가지의 성스런 진리를 자가약롱(自家藥籠)의 것으로 할 수 있는 것입니다. 4가지의 성스런 진리는 소승과 대승의 양쪽 경전에 자세히 기록되어 있는데, 두 가지 진리에 관련된 정밀한 해석은 대승불교의 경전에서만 볼 수 있습니다.

3절. 소승불교 · 대승불교 · 밀교

　소승불교에서 고통을 끊는 방법으로 「훌륭한 3가지의 수행법(三學＝戒學·定學·慧學)」을 말합니다. 혜학(慧學)이란 무지를 끊을 때 실제의 무기(武器)가 되는 지혜의 수행입니다.

　지혜라는 무기를 갖더라도 효과적으로 강력하게 사용하기 위해서는 마음이 선정에 이르지 않으면 안 됩니다. 이것이 정학(定學)입니다. 그러기 위해서는 스스로에게 훈계를 가하여 나쁜 행위를 하지 않는다는 맹세를 하는 것이 기반이 됩니다. 이것이 계학(戒學)입니다.

　대승불교가 말하는 가장 훌륭한 방편은 보리심에 근거한 수행법입니다. 수행자는 살아있는 것에 대한 동정의 마음과 이들을 고통으로부터 구하려는 깨달음을 얻고 싶다는 동기를 갖고 6가지의 수행〔六波羅蜜〕을 합니다.

　6가지의 수행이란 보시·지계·인욕·정진·선정·지혜입니다. 밀교에서는 세련된 고도의 가르침을 말합니다. 깨달음의 길을 바르게 하기 위해서는 수행자는 어떤 종류의 요가를 실천하고 자기 자신을 그 모습 그대로 부처 그 자체임을 관상합니다. 이것이 밀교의 수행방법입니다.

　밀교의 수행이 진전되면 가장 고도의 수행법인 무상요가·탄트라에 들어갑니다. 이 수행의 안목은 방편과 지혜의 융합에 있습니다. 방편도, 지혜도 문맥에 의해 여러 가지 의미를 함축하고 있습니다만, 여기에서 말하는 지혜란 공성(空性)을 깨닫는 의식이고, 방편이란 살아있는 것을 위해 깨달음을 얻으려는 패기입니다.

방편과 지혜의 수행은 명상 가운데에서 행합니다. 관상(觀想)은 부처의 모습과 같은 성스러운 대상이 없더라도 가능한데, 역시 있는 편이 좋겠지요. 그래서 제가 쓴 교재《초심자를 위한 쉬운 밀교 명상법》에 따라 다섯 분의 부처님을 관상해 보도록 합니다.

여기에서는 부처들의 모습을 관상하겠습니다만, 부처들 각각의 특유의 만트라(眞言)가 있고, 그것을 암송하는 것도 수행의 일부입니다. 그러나 수행의 요점은 뭐라 해도 관상 그 자체입니다. 명상의 마지막에 의식이 지쳐온다면, 마음 대신에 입으로 만트라를 외우십시오.

4절. 명상에 적합한 환경

　명상은 기분이 좋은 조용한 장소라든가, 당신 집안의 적합한 장소에서 하는 것이 좋겠지요. 명상에 적합한 환경에 대해서는 교재의 최초 패러그래프에서 접했습니다. 명상의 초심자는 명상에 적합한 조용한 장소를 발견하는 것이 중요합니다.

　어느 정도의 명상의 성과가 있은 후라면, 외적인 요소는 그다지 중요하지 않습니다. 그러나 일반적으로 명상할 장소는 조용한 편이 좋습니다. 마음을 하나의 대상에 집중시키는 선정을 행할 때에는 아무 소리도 없는, 완벽하게 외부세계로부터 단절된 장소가 좋습니다. 이것은 상당히 중요한 점입니다.

　또 어떤 종류의 요가를 행할 때에는 고도(高度)도 고려할 필요가 있습니다. 이 경우 명상할 장소가 높으면 높은 만큼 좋은 것입니다. 높은 산의 정상이나 산등성이가 가장 적합합니다. 그 옛날 명상에 뛰어난 수행자나 성인들이 수행 장소로 사용한 장소도 좋겠지요.

　그러한 장소에는 수행자들의 가호의 힘이 스며있어 그다지 명상체험이 없는 사람도, 장소 그 자체로부터 바이블레이션과 가지(加持: 축복)를 얻을 수 있기 때문입니다. 우선 높은 경지에 달한 사람이 장소에 축복을 부여하고, 후에 장소 그 자체가 다른 수행자에게 가호와 힘을 부여하는 것입니다.

처음에는 수행 장소로 정한 곳을 깨끗이 정리하십시오. 그때 단순히 방을 청소하는 것이 아니라, 자기의 마음을 깨끗이 정리하는 마음으로 하십시오. 부처들의 모습을 관상하고 공양을 올리고 만트라를 암송하는 것은 손님을 맞는 것과 같습니다. 더럽고 산란한 장소에 손님을 초대하는 것은 실례인 것처럼, 분노나 탐욕의 번뇌나 부정적인 감정으로 오염된 마음으로 수행하는 것은 바람직하지 못합니다.

티베트의 어느 위대한 수행자에 관련된 에피소드가 있습니다.

어느 날 수행자는 부처에게 올릴 공양물을 법단에 잘 차려 놓았습니다. 그리고 그는 앉아서 생각에 잠겼습니다.

"어째서 나는 이런 일을 한 것일까"

수행자는 앞으로 방문할 시주자 한 사람에게 이것을 보이고, 감명을 주려고 했음을 깨닫고, 자기의 부정한 동기를 부끄럽게 여기고, 한줌의 티끌과 더러운 것을 움켜쥐고 공양물 위에 던져버렸습니다. 또 수행자는 도둑질한 일이 있으며 수행자가 되고서도 여러 번 도둑질을 했습니다. 어떤 집을 방문하거나 해도 무의식 중에 오른손이 아름다운 물건에 가 있곤 했습니다. 그러면 왼손이 오른손을 잡고 소리쳤습니다.

"도둑이다, 여기에 도둑이 있다".

수행자는 이렇게 자신을 지켜갈 수 있었던 것입니다. 이것은 실로 효과적인 수행법 이었습니다. 그는 순간순간 바른 행위를 선택해 갈 수 있었던 것입니다. 마찬가지로 우리들이 장소를 깨끗이 하거나 준비하거나 할 때 깨끗하고 성실한 동기를 품지 않으면 안 됩니다. 되도록 세속의 생각을 끊어 버리도록 하십시오.

　불단의 단위에 석가모니 부처, 부처님의 자비의 화신인 관음, 부처님의 지혜의 화신인 문수, 부처님의 힘의 화신인 금강수의 세보살, 모든 부처님의 행위의 상징인 알리야 타라의 불상 혹은 불화를 둡니다. 이것은 색신(色身)으로써 부처를 상징합니다.
　불상군(佛像群)의 우측에는 경전을 둡니다. 반야경전 중의 한권이 좋겠지요. 이것은 부처님 언어의 상징입니다. 불상군의 좌측에는 미니츄어의 불탑(숨利를 봉납 하는 탑)을 둡니다. 이것은 부처의 마음을 상징합니다. (…略) 다음 공양물을 올려놓습니다. 공양물에는 맑은 물·꽃·향·등·식물(音, 소리를 상징하는 것)이 필요합니다.(부록)

　이상과 같이 불단(佛壇) 위에 귀의의 대상이 되는 물건들을 놓습니다. 놓여질 것이 전부 갖추어지면 갖추어진 대로, 갖추어지지 않았더라도 그것은 그것으로 괜찮습니다.
　티베트의 위대한 수행자 미라레빠는 스승 마르빠의 가르침을 기록한 것 외에는 아무 것도 올려놓지 않고, 그는 그것을 동굴 근처에 올려놓았습니다. 동굴 안에는 아무 것도 없었는데, 어느 날 밤도둑이 들어 온 것입니다. 미라레빠는 웃으면서 도둑에게 말했습니다.
　"하루 종일 나에게도 보이지 않았는데 밤이 되니 무언가 나타났구먼!".
　참 수행자는 물질적인 혜택을 받지 않더라도 고통을 느끼지 않는 것입니다.

5절. 귀의의 상징

　우선 부처의 상(像)에 대해서 해설하겠습니다.
　산스크리트어로「붓다」란 모든 결점을 정화한 마음과 최고의 깨달음을 얻는 존재를 의미합니다. 붓다는 또 여래라고도 부릅니다. 이것은 깨달음에 들어가 깨달음에 의해 나타난 존재라는 뜻입니다.
　「깨달음에 의해 나타난 존재」의 의미를 설명하려면 우선 부처의 삼신, 법신·보신·화신에 대해 이야기하지 않으면 안 됩니다. 대승경전에는 불교의 삼신에 대해 자세히 해설되어 있습니다.
　이 경전에 의하면 붓다가 이 세계에 석가모니의 모습을 하고 나타난 것은, 법신이 화신의 모습을 가지고 나타난 것을 의미합니다. 수태(受胎)부터 대열반에 들어가기까지의, 석존의 일생에서 위대한 사건은 모두 붓다의 행위로 볼 수 있습니다.
　붓다는 또 선서(善逝)라고도 부릅니다. 평안의 길을 더듬어 평안의 경지에 이른 사람을 의미합니다. 평안의 경지란 고통이 멸한 경지, 깨달음의 경지, 불성, 부처에 있어 본질입니다. 불교의 교의에 의하면 살아있는 것 모두에게는 불성이 있습니다.
　일반적으로 부처의 신체·언어·마음은 여러 가지의 화신이 되어 나타나 관음은 부처의 신체의 화신, 문수는 언어의 화신, 금강수는 마음의 화신이라고 말합니다. 그러나 《초심자를 향한 쉬운 밀교 명상법》에서는 관음·문수·금강수는 각각 부처의 동정의 마음, 지혜, 힘의 화신으로 되어 있습니다.

관음과 문수는 번뇌를 벗어난 열반적정〔寂靜相〕의 모습으로, 금강수는 약간이긴 하지만 분노의 모습을 띠고 있습니다. 분노한 불상을 관상하는 것도 마음에 격(激)한 힘이 있다면, 극적으로 격한 행동을 할 수 있기 때문입니다. 무상요가·탄트라에서는 이것은 「분노나 탐욕을 통해 수행의 길에 들어간다.」고 부르고 있습니다.

또 적정존(寂靜尊)인 타라는 신체 안에 있는 영적인 에너지를 정화한다고 합니다. 지혜·힘·동정의 마음을 포함한 불상의 모든 덕성은, 모든 영적인 에너지에 의존합니다. 타라는 여신의 모습으로 그려집니다. 전해지기는 타라는 반드시 여성의 모습대로 깨달음을 얻는 어떤 서원을 세웠다고 합니다.

부처의 언어 상징으로서는 경전을 사용합니다. 가능하면 반야경전이 좋겠지요. 반야란 지혜의 건너편에 이른다는 의미입니다. 지혜에도 자성의 지혜, 거기에 이르는 도의 지혜, 그 결과로서 얻어지는 지혜라는 여러 가지 타입의 지혜가 있습니다.

반야경전에는 이러한 여러 가지 타입의 지혜가 해설되어 있습니다. 반야경전은 대승경전의 한 축을 이루고 있습니다. 티베트 대장경에는 20종류를 웃도는 반야경전이 있고, 가장 큰 것은 시방송 반야경(十万頌般若經), 그 다음에 만들어진 것이 팔천송 반야경(八千頌般若經)입니다.

반야경의 가장 짧은 버전은 산스크리트어의 알파벳 처음자인 A(阿자)

의 한 문자로 이루어져 있습니다. 이것을 『일문자(一文字)』의 반야경이라 부르고 있습니다. 산스크리트어의 A는 부정을 의미합니다. 왜냐하면 모든 존재의 참 모습은 자성을 빠트리고 있기 때문입니다.

귀의의 다음 상징은 불탑입니다. 이것은 부처의 마음을 상징합니다. 예를 들면 팔대불탑의 이름으로 알려지는 것도 있습니다. 이들은 석존의 위업 - 항마(降魔)·보리·열반 등을 상징하고 있습니다. 원래 팔대불탑은 기념비의 일종으로써 건립되었던 것이지요.

다음 맑은 물·꽃·향·등·과일 등을 불단에 공양물로 올립니다. 이것은 당시 인도에서 손님을 초대할 때에 갖춘 것을 근거로 합니다. 혹시 석존이 티베트에서 불교를 말하였다면 공양물에 참파(티베트인이 주식으로 하는 것)와 버터를 선택했겠죠.

6절. 좌법과 호흡법

　모든 준비가 갖추어지면 좌구(座具) 위에 결가부좌 또는 반가좌로 동쪽을 향해 앉으십시오. 그 어느 쪽도 어렵다면 어느 쪽이 좋을까 단시간 시도해 본 후에 좋은 좌법으로 앉아도 됩니다. 여기에서는 명상 중의 좌법에 대해 설명하겠습니다.

　명상용으로 사용하는 좌구는 뒤가 조금 올라가 있는 것이 좋습니다. 그 편이 지치지 않고 오랫동안 앉을 수 있기 때문입니다. 결가부좌로 앉는 것은 매우 어려운 일입니다. 그러나 쉽게 앉을 수 있다면 이것이 확실히 정통한 좌법이라 할 수 있습니다. 반가부좌나 타라와 같이 오른발을 넉넉하게 앞으로 내는 앉기 쉬운 좌법도 괜찮습니다.

　인상(印相)으로는 왼손위에 오른손을 얹고 엄지손가락을 맞추어 삼각형을 만듭니다. 이 삼각형은 탄트라적 의미가 있고 모든 사상의 근원인 법계, 배꼽 주위에 거주하는 내적인 불을 상징합니다. 팔은 몸에 닿지 않도록 하십시오. 머리는 조금 앞으로 숙이고 혀끝은 입 천정에 붙입니다.

　이렇게 하면 깊은 선정(禪定)에 들어가는 도중 목이 마르거나 식욕이 나지 않게 됩니다. 입술과 이는 자연스런 상태로 눈은 코끝을 응시합니다. 크고 뾰족한 코를 가진 사람이라면 쉽겠지만 작은 코를 가진 사람에

게는 조금 어려울지도 모릅니다.(웃음)

　시선의 위치에 관해 말한다면 처음에는 눈을 감는 편이 확실히 관상할 수 있을지도 모릅니다. 그러나 긴 안목으로 보면 좋지 않습니다. 그러므로 눈은 감지 않도록 하십시오. 관상은 오감의 차원에서가 아닌 마음의 차원에서 행하는 것입니다. 눈을 뜬 채 관상할 수 있도록 스스로를 훈련하고 거기에 익숙해지면 눈앞에 무언가 다른 대상이 보였다 하더라도 관상을 유지할 수 있습니다. 반대로 눈을 감은 채 관상하는 버릇을 길러 버리면 눈을 뜬 순간 관상하고 있었던 것을 잃어버립니다.

　관상 중의 호흡은 지나치게 격하게 하는 일도 지나치게 조용히 하는 일도 아닌 극히 자연스럽게 하십시오. 단 밀교의 수행이나 풍(風: 룬)에 관련된 수행, 예를 들면 90회씩 하는 호흡법 등을 하고 있는 경우는 별개입니다. 화를 낸다거나 짜증을 내거나하여 마음이 어지럽혀지는 경우는 호흡에 의식을 집중시켜 평정함을 되찾습니다. 호흡을 세어 화를 잊어버리는 것입니다. 호기와 흡기에 의식을 집중시켜 1, 2, 3을 세어 20이 될 때까지 계속합니다.

　의식을 충분히 호흡에 집중시키고 숨을 들이 마시거나 내쉬거나 하는 사이 어지럽혀진 마음도 진정해 갑니다. 그 후라면 당신도 명료하게 생각할 수 있게 됩니다. 명상도 그렇습니다만 어떠한 행동을 취해도 바른 동기, 마음가짐이 중요합니다. 그러므로 명상하기 전에 바른 마음가짐을 기르십시오.

　이것은 밀교의 수행이므로 속세의 일이나 윤회세계에서의 행복을 바라는 것은 잘못입니다. 바른 마음가짐은 보리심으로 모든 중생을 괴로움에서 건져내기 위해 깨달음을 펼치려고 하는 결의입니다.

| 질 | 의 | 응 | 답 |

Q.
불교의 모습을 관상한다는 복잡한 수단을 취하지 않고, 직접 그 자체를 명상하는 것도 가능합니까?

A.
마음의 본질에 색이 없다면 형태도 없습니다. 그러나 대상을 비추는 속성을 갖는 어떤 종류의 실체가 있습니다. 우리들은 이 실체를 파악하는 일도 상상해 볼 수 없습니다. 거울 안에 모습이 비춰져있어도 원래 실체를 없앤다면 거울 안의 영상 또한 소멸하는 것입니다. 마음에 관해서도 마찬가지라 할 수 있습니다. 마음도 대상을 비춥니다. 이것도 딴 마음의 하나의 속성입니다. 마음 그 자체를 명상할 경우 신앙심은 필요 없습니다. 다만 마음 그 자체에 의식을 집중하면 좋습니다. 그리하면 명상에 숙련해 갈 수 있습니다.

Q.
달라이 라마 법왕이 앞에서 말씀했듯이 인도에서 티베트로 전래되어 티베트가 보전하고 유지해온 불교의 가르침은 보물과 같은 것입니다. 우리 인도인이 이 보물을 평가할 수 없어, 넘겨 주어버린 것은 실로 유감스런 일로, 이 보물을 다시 받아들일 준비를 해야 할 것이라 생각합니다.

아까 달라이 라마 법왕은 무명(無明)을 발단으로 하는 12연기에 대해 말씀하셨습니다. 열반에 이르면 모든 고통은 끊어지며 생겨나고 변화하는 일도 없습니다. 그러나 이 경지에 이를 수 있는 사람은 극히 소수이며, 우리들처럼

| 질 | 의 | 응 | 답 |

극히 평범한 인간은 윤회 세계에 있어, 가정과 일에 시달려 법왕이 말씀하신 좋은 덕성을 다소나마 갖추려 해도 눈앞의 상황에서 사람들에게 차례차례로 대응해 가지 않으면 안 됩니다. 대처할 수 있는 상황이 있다면, 또한 할 수 없는 상황도 있습니다. 우리들 같은 속세 인에게 좋은 충고를 해주십시오.

A.

   곤란한 상황을 뛰어넘은 친구나 저 자신의 체험을 보아도 당신이 말하고자 하는 것은 이해할 수 있습니다. 당신은 우선 윤회와 열반의 본질을 알고 열반에 이르는 가능성과 그 수단을 알았습니다. 지금 곧 그것 모두를 실천할 수 없을지도 모릅니다. 가령 저와 같은 입장에서는 마음의 평정을 유지하는 명상[止]과 같은 수행을 하는 것은 어려운 일입니다.

   지(止)를 행하는 데는 마을에서 떨어진 장소에서 적어도 수년간 혼자 수행할 필요가 있고, 그렇지 않으면 성과를 올릴 수 없습니다. 지금과 같은 환경에서 달라이 라마가 지(止)를 행하는 것은 무리입니다. 그렇다 하더라도 윤회나 인간 생활의 본질을 아는 것은 커다란 도움이 됩니다. 자타의 문제로 바로 향해 보면, 그것이 윤회세계의 기본적 성격에 기인하는 극히 본질적인 것임을 이해할 수 있게 됩니다.

   모든 인간의 행동은 좋던 나쁘던간에 동기에 기인합니다. 우리들은 자기 스스로를 화나게 하고, 욕구 불만으로 치닫는 상황에까지 이르게 됩니다. 일단, 윤회세계에 대해 다소나마 이해했다면 같은 상황에 있어서도 치솟아 오르는 분노나 나쁜 생각을 억제할 수 있든지, 적어도 느낄 수는 있게 됩니다. 그렇게 하면 마음의 평안을 잃는 일도 없어지겠죠.

|질|의|응|답|

모든 고통이 멸한 경지와 거기에 이르는 수행의 도를 바르게 이해할 수 없었다면 하루하루의 생활가운데서 그것을 행할 수 없더라도, 하루하루의 곤란한 일을 정면으로 맞서는데 도움은 될 것입니다.

가정을 가진 세속인은 승려에 비해 많은 일을 처리해 나가지 않으면 안 됩니다. 남편이나 처, 어린아이를 보살피지 않으면 안 되며, 손자가 있다면 또한 보살펴야 하는 사람의 수가 늘어납니다.

여기에서는 동기가 매우 중요해 집니다. 현실 생활에서 가족을 지키기 위해 가족의 이익을 위해 심한 말을 던지거나 격렬한 행동을 할 필요가 있을지도 모릅니다. 이때 요점이 되는 것이 동기입니다.

가령 여기에 두 사람이 있다고 합시다. 어떤 적이 이 두 사람을 해치려고, 혹은 살인하려고 했습니다. 양자 모두 당연히 자신의 몸을 지키려고 합니다. 두 사람 모두 겉으로는 같은 행동을 취했다고는 하지만, 하나는 적의 입장을 생각하지 않고, 적에게 강한 미움을 갖고 결국 이기적인 동기를 품고 적에게 반격을 하고, 다른 한 사람은,

"상대방이 하는 대로 맡기고, 자신을 죽이도록 맡긴다면 상대방은 한 순간 만족할 지도 모르지만, 최종적으로는 그 업의 결과를 받아 고통스러울 것임에 틀림없다."고 생각하여 상대방을 위한 생각으로 반격했습니다.

겉으로는 취한 행동이 같더라도 잘못된 행위를 상대에게 범하지 않게 하기 위한 것이 있다면, 반드시 다른 행동이라 말할 수 있습니다.

예를 들면 중국이 티베트를 침략했을 때 우리들 티베트인은 중국인과 싸우려고 했습니다. 중국인이 티베트인과 같이 항복을 바라고, 불행을 싫어하는 존재임을 인정하면서, 그렇게 잘못된 행위를 말리고 자위하기 위해 반격을

|질|의|응|답|

한 것입니다.

 그때 티베트인은 중국인에 대한 경의의 생각과 동정의 마음을 잊는 일은 없었습니다. 어떤 행동이든 진정으로 성실한 마음가짐으로 행한 행위는 좋은 행위라 할 수 있는 것입니다.

Q.
 대승불교에서는 보다 고차원의 의식에 대해서 말할 때, 세속의 진리와 궁극의 진리라는 두 가지의 진리를 제시합니다. 이들은 정말 다른 것일까요?

A.
 두 가지의 진리란 하나의 대상을 다른 두 가지 각도에서 바라보는 것입니다. 하나의 대상에 대해 두 가지의 진리로 말하는 것이지만 실체로서는 하나인 것입니다. 박식하고 유능하지만 지극히 교활한 사람이 있다고 합시다. 이 사람의 능력을 사서 고용했지만, 신용이라는 다른 척도에서 보면 아무래도 안심이 안 되는 사람으로서 주의하지 않으면 안 됩니다. 같은 사람이 상반되는 두 가지의 특성, 하나는 상당히 좋고, 하나는 상당히 나쁜 특성을 갖고 있는 것입니다. 하나의 대상에 두 가지의 진리가 나타나는 것도 그것과 같습니다.
 꽃을 예로 생각해 봅시다. 꽃에는 세속 차원의 존재가 있고, 거기에서는 세상 일반이 인정하고 있는 색이나 향기라는 기능이 있습니다. 그것에 의해 꽃 속에는 궁극의 진리가 있습니다. 그것은 마치 두 가지의 입장에서 하나의 대상을 바라보는 것과 같은 것입니다.

|질|의|응|답|

　모든 사물은 다른 것에 의존하여 생기고 있습니다. 다른 것에 의존하여 생기고 있다는 것은 고유의 실체를 빠트리고 있다는 것, 여러 가지의 것이 서로 의존하고 있는 것입니다. 세속의 진리와 궁극의 진리라 하는 두 가지의 진리 자체도 또한 서로 의존하고 있는 것입니다.
　대승불교와 소승불교의 차이는 마음가짐의 깊이에 달려있습니다. 대승불교를 행하는 사람의 마음가짐은 광대하지 않으면 안 되며, 그것에 의해 얻어지는 성과도 마찬가지로 광대하다고 말하고 있습니다. 중생은 세속적인 차원에서 모두 다른 실체를 갖는 다른 존재이지만, 궁극의 차원에서는 불교의 경지에 도달하려면 모두 하나의 지혜의 큰 바다에 흡수되어 버리는 것입니다.
　강이 다르면 물의 색도 맛도, 흐름의 속도도 다릅니다. 그러나 무한한 큰 바다에 흘러들어 갔을 때 개개의 독자성은 잃게 되고, 하나의 맛, 하나의 색이 되어 가는 것입니다. 그렇다 하더라도 부처의 경지에 도달한 사람이 반드시 개인의 독자성을 잃는다는 것은 아니며 개개로서의 자기는 남습니다.

Q.
　달라이 라마법왕은 반야경전에 대해 해설하셨을 때, 산스크리트어의 A라는 문자는 부정을 의미한다고 하셨습니다. 그렇다면 불교철학에는 우선 부정이 있고 거기서 모든 것의 논의가 시작되는 것인가요?

A.
　모든 것은 긍정적인 존재와 부정적인 존재로 나눌 수 있습니다. 공(空)은 부

정적인 존재입니다. 부정적인 존재란 그 대립적 요소를 적극적으로 부정, 배제함으로써 지각하고 인식할 수 있는 것입니다.

예를 들면, 「비상(非象: 象이 될 수 없는 것)」이라는 부정적인 존재를 들어봅시다. 「상(象)이 될 수 없는 것」을 이해하려면 우선 대립적 요소를 여기서 말하는 상을 인식할 필요가 있습니다. 상을 적극적으로 부정, 배제함으로써 「상이 될 수 없는 것」이 이해되는 것입니다. 부정적 존재로 대상을 부정함으로써 다른 현상을 은근히 긍정하는 것과, 전혀 긍정하지 않는 것의 절대적 부정의 두 가지가 있습니다.

예를 들면, 이 꽃은 장미일까요, 아니면 튤립일까요. 이것은 튤립이 아니라고 부정한다면, 장미라는 사실을 은근히 긍정하게 됩니다. 「비상(非象)」의 경우는, 상을 부정하는 것만으로 무언가를 은근히 긍정하지는 않습니다. 공(空)도 또 부정적 존재입니다. 고유의 실체를 빠트리고 있는 것입니다.

사물은 다른 것에 의존하여 발생하고 항상 불변하는 고유의 실체를 빠트리고 있기 때문에, 인(因)과 과(果)라는 기능도 가질 수 있는 것입니다. 이 점에서 세속 차원의 존재도, 또 공(空) 그 자체로부터 생기고 있다는 것을 알 수 있겠죠.

제5장 지혜 발견

마음가짐 134
의식 136
귀의의 대상을 관상 145
보리심을 일으킴 148
질의응답 157

1절. 마음가짐

　가장 훌륭한 마음가짐은 보리심으로, 다른 살아있는 것을 구제하기 위해 깨달음을 성취하려고 하는 마음을 갖는 것입니다. 그 다음이 자신을 윤회로부터 벗어나게 하고 싶다고 바라는 마음, 그 다음이 금생의 즐거움을 끊고 내세의 행복을 구하는 마음가짐입니다.

　적절하게 바른 마음가짐을 기르려면, 우리들이 이 정도까지 집착하고 있는 인생이 잠깐사이에 지나가 버리는 것을 인식할 필요가 있습니다. 인생이 끝없이 영원히 계속된다면, 집착을 일으킬 만큼의 가치가 있겠죠. 그러나 오래 살아도 겨우 100세, 드물게는 120세, 130세까지 사는 사람도 있겠지만, 그 이상 오래 사는 것은 보통사람에게는 무리입니다. 그러므로 항상 모든 것은 덧없는 것, 무상하다는 것을 생각하지 않으면 안 됩니다.

　죽음이 찾아왔을 때, 금생에서 구축한 부와 명성, 권력도 아무런 도움이 되지 않습니다. 인생 그 자체는 순간에 덧없이 흘러가는 무상한 현상입니다. 내세에 대해 무언가 준비하려 하지 않고, 금생의 일에만 신경을 쓰고 인생에 집착하여 즐거운 시간을 보내는 것에만 에너지를 쏟는다면, 최종적으로 많은 문제에 직면하게 되겠지요.

그러므로 인생에 대해서는 처음부터 균형을 유지하는 너그러운 태도를 취할 필요가 있습니다. 그러면 무언가의 문제에 직면했을 때에도 마음이 흔들리지 않고 지나갑니다. 우리들을 능가하는 여러 가지 체험을 해 온 사람들의 전기를 읽는 것도 도움이 되겠죠. 세속의 일로 머리가 복잡한 사람들은 오히려 곤란에 직면하는 것입니다. 반대로 현실적 또는 이성적인 태도로 인생에 대처하는 사람은 아무런 트러블도 만나지 않는 것입니다.

다음으로 문제가 되는 것이 내세가 있는지 없는지 윤회전생이 있는지 없는지 하는 점입니다. 이것은 중요한 부분입니다. 오늘날에도 과거의 생에 관한 확실한 기억을 갖고 있는 사람이 꽤 있습니다. 과거의 생과 내세의 윤리적 전재가 되고 있는 것이, 마음과 신체가 다른 인(因)으로 이루어져 있다는 사실입니다. 마음과 물질인 신체도 원인(因)과 조건[緣]으로 이루어져 있습니다. 그것은 마음도 신체도 변화한다는 사실에서도 분명합니다.

인에도 실질인(實質因)과 구유인(俱有因) 17) 의 두 가지가 있습니다. 모든 물질에는 그 자체의 연속성을 이루게 하는 물질적인 실질인이 있듯이, 마음대로 그 존재의 연속성을 이루는 실질인이 있습니다. 가령 지금 이 순간의 마음은, 한 순간전의 마음을 실질인으로써 이루고 있습니다.

---

17) 실질인과 구유인: 실질인과 구유인에 관해서는 아래와 같은 예가 됩니다. 어떤 종자가 싹이 텄을 때, 싹의 실질적 원인인 종자는 실질인이며, 싹을 틔우기 위한 필요조건이었던 물·비료·온도는 구유인이다. 물질이 아닌 마음은 물질을 실질인으로써 발생하는 것은 되지 않고, 마음을 낳는 것은 마음 그 자체뿐이다.

2절. 의식

일반적으로 의식은 감각기관에 관련된 의식과, 마음의 의식 두 종류로 나뉘어 집니다. 감각기관에 의한 의식, 예를 들면 눈의 의식이 일어나는 것에는 몇 가지의 조건이 갖추어지지 않으면 안 됩니다. 외적인 조건으로서 시각의 대상이 되는 것〔所緣緣〕, 내적인 근거로서의 감각기관〔增上緣〕, 이 두 가지를 기반으로서 지금 이 순간의 눈의 의식이 발생하려면 직전의 의식〔等無間緣〕도 필요합니다.

혹시 한순간 전의 의식이 없다면, 가령 대상과 눈이라는 감각기관이 갖추어져도 대상을 파악한 눈의 의식이 발생하지는 않습니다. 꽃과 꽃을 보고 있는 눈의 의식을 예로써 이야기하겠습니다. 대상(여기서는 꽃입니다.)의 기능은 눈의 의식에 꽃의 이미지를 만들어 내는 것입니다.

불교의 일파인 설일체유부(說一切有部)는 사물의 속성(예를 들면 색이나 형태 등)을 속성으로서가 아닌 물질적 존재로 간주하고, 사물 그 자체와 속성을 혼동했습니다. 또 색이나 형태를 보는 것은 눈 등의 감각기관에 있고, 의식에 있는 것은 아니라고 주장하고 있습니다. 이것은 받아들이기 어렵다는 이야기입니다.

경량부와 같은 다른 학파는 사물에는 속성이 있고, 눈의 의식은 대상의 속성에 의해 대상을 인식한다는 설(說)입니다. 이 이론은 현대의 과학자들에게도 받아들여진 이론으로 논리성을 갖고 있다고 생각할 수 있습니다. 눈의 의식 등 감각기관에 관련된 5가지의 의식과 마음의 의식은 대상의 인식 방법이 크게 달라집니다.

감각기관에 의존하는 의식은 무분별, 즉 대상을 분석하고 고찰해 보는 일없이 대상의 속성을 집합적으로 파악합니다. 그에 대해 마음의 의식은 대략 대상을 분류·판단하고 대상의 이미지를 통해 판단합니다. 여기에서 의식이 두뇌의 과학적 작용으로 만들어 내는 것이 있는가, 없는가를 잘 생각해 볼 필요가 있습니다.

근래 저는 신경학이나 심리학 원자핵물리학의 전문가와 대담하고 있습니다. 이러한 분야의 최신 발견이나 체험으로부터 배우는 것도 필요한 것입니다. 그들도 또 불교가 의식에 대해 어떠한 이야기를 하고 있는지 상당히 흥미를 보여 왔습니다.

저는 의식이 어디에서 어떻게 발생하는지 많은 사람에게 물어보았습니다만, 만족할 만한 대답이 없었습니다. 의식이 뇌 안의 화학물질의 상호 작용으로부터 발생된다는 입장을 취한다면, 한 순간 한 순간 변화하는 어떠한 의식도 화학 물질의 산물이 됩니다.

여기에 있는 장미를 예로 그 가정(假定)을 뒷받침해 봅시다.

누군가 이 장미를 보고 플라스틱제의 조화라고 생각했다고 합시다. 그는 틀린 의식(誤診知)를 가진 것입니다. 다음 그는 자기의 인식에 의심을 품고, 만일 이것은 진짜 장미가 아닌가 하고 생각합니다. 잘못된 의식이 의심으로 변한 것입니다.

다음에는 이것이 진짜 꽃이 아니라고 가정하는 것입니다. 이 단계에서는 단순히 가정에 지나지 않습니다. 마지막으로 실제 손으로 만지거나 향기를 맡거나하여, 그것이 진짜 장미임을 압니다. 이상의 과정에 있어서 의식의 대상은 하나의 대상이었음에도 불구하고 의식 그 자체는 틀린 의심 즉 가정(假定), 바른 인식으로 변해간 것입니다.

다른 예를 들어볼까요. 사람을 발견하고, 자기 친구라고 생각했던 것이, 실은 그렇지 않았던 즉 다른 사람이었다고 합시다. 그 인물을 본 순간 당신은 틀린 의식을 가질 것입니다. 그러나 누군가에게 저 사람은 당신 친구가 아니라고 들은 순간에 그것은 틀린 의식에서 바른 의식으로 변합니다. 이러한 변화는 뇌의 과학적 변화로 설명할 수 있을까요?

또한 훌륭한 수행자가 명상할 때 무엇이 일어나고 있는지 생각해 보십시오. 상당히 깊은 선정상태에 들어간 수행자는 여러 시간에 걸쳐 호흡도 심장의 박동도 멈춥니다. 그때 뇌의 기능은 어떻게 될까요?

이러한 것을 논거로 나는 의식이라는 현상은 뇌의 세포와는 다른 존재임을 주장합니다. 거친 차원의(표층적인) 의식은 육체와 긴밀한 관계가 있으므로 스스로와도 뇌와도 관계가 있습니다. 보다 미세한(미묘하고 깊은)의식은 물리적 작용으로부터 독립된 존재입니다.

그러므로 선정에 의해 의식의 깊은 상태에 들어간 수행자는 육체 기능이 정지하더라도 의식은 남아있는 것입니다. 그 순간 수행자의 거친 차원의 의식은 끊어져 있습니다만, 반대로 보다 미세한 차원의 의식은 선명하게 나타날 수 있습니다. 의식에도 각성시의 의식, 꿈의 의식, 깊은 수면시의 의식, 기절했을 때의 의식등 여러 가지 타입의 의식이 있습니다.

무상요가 탄트라(인도에서 8C후반 이후 발전한 가장 후기의 밀교)의 가르침에 의하면, 죽을 무렵 우리들의 의식은, 땅(흙)의 요소로 용해, 물의 요소로 용해, 불의 요소로 용해, 바람의 요소로 용해, 하얀 현상, 붉은 현상, 검은 현상, 광명의 마음이라는 8가지의 용해과정을 체험합니다.

이 과정에서 거친 수준의 의식은 서서히 용해해 갑니다만, 가장 미세한 차원의 의식인 근원과 광명의 마음은 아직 남아 있고, 다음에 태어날 생으로 계속이어 집니다. 죽을 무렵 의식의 용해과정을 어느 단계까지 체험하고, 숨을 다시 쉬는 사람도 있습니다.

저 자신, 자기만의 체험에 완전히 매료된 사람을 몇 번 만난 일이 있습니다. 그런 사람들은 저를 만나면 자기가 체험한 것을 설명해 줍니다. 무상요가 탄트라의 관점에서 보면, 그들은 깊은 차원의 의식을 체험하고 이 세상에 되돌아 온 것입니다.

인간은 광명의 마음을 체험한 후에 중유(中有)에 들어가고, 바르토의 기간이 지나면 다시 광명의 마음의 체험을 거쳐서 새로운 생으로 태어납니다. 가령 인간으로 태어났다면, 의식이 어머니의 태내에 들어가기 전에 반드시 그 전에 중유(中有)를 체험하고 있는 것입니다.

생(生)은 광명의 체험을 가지고 시작되고 광명의 체험을 갖고 마치는 것입니다. 의식에 연속성은 없다. 과거 생도 내세도 없다고 주장한다면, 이 우주 그 자체는 어떨까요?

우주의 기원이 빅뱅이라면 무엇이 빅뱅을 발생시킨 것일까요?

모든 것은 무엇인가의 원인이 있어 존재한다는 설(說)도, 우주에는 조물주가 있다는 설도 많은 모순을 갖고 있습니다. 또 우리들 불교도는 의식(미세한 본원이 되는 마음)의 흐름에는 시작도 끝도 없이 연속되고 있다고 합니다.

윤회전생의 논리도 여기에 있습니다. 지금 이 순간의 의식은 한 순간 앞의 의식이 실질인이 되어 발생합니다. 발생하여 멸하는 의식의 흐름을 거슬러 올라가면 수태의 순간에 전 세계에 대한 의식에 도달합니다.

반대로 미래로 거슬러 올라가면 금생에서 죽음의 순간을 지나 이루어지는 생으로 계속해 가는 것입니다. 불의 경지, 깨달음에 이르더라도 이 미세한 의식이 끝나는 일은 없습니다.

다음 생이 있다면 그것이 어떠한 것이 될까? 하고 염려하지 않으면 안됩니다. 내세에 있어서 좋은 인생을 보낼지, 나쁜 인생이 될지는 금생에 있어서의 자기 행위와 관계가 있습니다. 금생의 복잡한 일들 때문에, 내세의 일을 잊어버리는 일이 있어서는 안 됩니다.

1) 무지(無知)

고통의 원인에도 여러 가지가 있습니다만, 보편적인 원인은 애(愛: 渴愛)와 취(取: 집착)입니다. 그러므로 이 두 가지는 12연기 속에서도 강조되어, 그 8번째와 9번째를 나타내는 것입니다. 집착이나 갈애(渴愛)의 근본은 무지입니다. 무지에도 여러 가지 형태의 무지가 있습니다만, 여기서 말하는 무지란 존재의 상태를 잘못 파악하는 것입니다.

무지로 파악된 마음은 아무리 강력하더라도 바른 인식을 만들지 못합니다. 무지에도 두 종류의 무지가 있습니다. 인간이라는 개인존재에 독립된 실체, 즉 「아(我)」가 있다는 파악입니다. 고락이라는 문맥에서 본 경우 모든 존재는 두 가지로 나눌 수 있습니다. 고락을 느끼는 주체, 즉 개인존재(윤회의 주체)와 고락을 일으키는 것, 즉 외적인 사물입니다.

이러한 두 가지는 다른 것에 의존하지 않는 독립한 실체〔我〕가 있는 것이라고 파악하는 것을 아집이라고 부릅니다. 여기에서 자기 자신을 테스트 해 보십시오. 행복한 기억이나 쓰라린 기억을 불러일으키십시오.

"그때, 나에게는 이런 즐거운 일이 있었지",

"나는 그렇게 쓰라린 생각을 했다."라는 생각이 떠오를 것입니다.

그때 이렇게 생각해 보십시오.

이「나」란 도대체 무엇일까. 절실히 느끼고 있는 이「나」가 육체와 함께 있는 것인지, 마음과 함께 있는 것인지도 생각해 보십시오. 일상생활 속에서 상당히 강한 인상을 받았다거나, 강한 감정을 품었을 때 느껴지는「나」는 주인, 심신의 5가지 구성요소의 모임〔五蘊〕즉, (1)신체 혹은 물질 (2)감수작용 (3)표상(表象)작용 (4)의지 (5)인식작용은 거기에 종속하는 종(僕)과 같이 나타나는 것입니다.

「나」는 오온의 고용주처럼 보입니다. 그러나 불교의 관점에서 보면, 이것은 잘못된 견해입니다. 주인 같은 작용을 하는 독립된「나」등은 존재하지 않습니다. 불교에서는 무아를 말합니다. 무아란 항상 불변으로 독립된 실체를 빠트리고 있는 것입니다. 이것은 세속적인 의미에서의 자기를 부정하는 것은 아닙니다.

행위를 하고 그 결과를 향수(享受)하는 자기가 존재하는 것입니다. 그러나 다른 것에 의존하는 일이 없는 독립된 자기(我)라는 잘못된 개념을 부정하는 것입니다. 그것과 마찬가지로 오온을 분석해 보아도, 그 실체 (여기에서 말하는 실체란 자립적이며, 여러 가지의 원인이나 조건에 의존하지 않고, 항상 불변하는 것으로 한결 같은 것입니다.) 를 발견하는 일은 할 수 없습니다. 그 무엇도 다른 것에 의존하여 생기는 것입니다.

예를 들면, 나는 아무렇지도 않게「나의 신체」라고 합니다만, 신체는 머리와 동체, 수족들의 집합체이며, 그것들을 모두 신체로 부르는 것에 지나지 않는 신체라는 실체가 존재하는 것은 아닙니다. 그러면 머리 · 수족 · 동체 등이 신체일까요?

물론 그렇지 않습니다. 머리나 수족, 동체 등은 신체가 아니라 신체라고 명명되어진 것의 일부에 불과합니다. 손도 가운데 손가락이나 약지라는 손가락의 집합체를 손이라 명명한 것에 지나지 않고 분석해보아도 그 실체를 발견할 수는 없습니다. 이렇게 실체를 추구하여 물질을 점차 분할 해 가고, 또 더 이상 분할 할 수 없을 때까지 극한의 미립자(極微, 불교용어로써 물질의 극소로 하여 이 이상 나눌 수 없는 것)에 까지 이를 수 있습니다.

중관귀류논증파(中觀歸謬論証派)는 거기까지 분할하여도 그들에게는 위 · 아래 · 옆이라는 면(面)이 있습니다. 즉 부분이 존재한다고 합니다. 면, 즉 부분이 존재한다면 극소의 물질인 원자도, 또 면이나 부분에 의존하여 존재하고 있는 즉 실체를 빠트리고 있는 것입니다.

이와 같이 모든 것은 부분에 의존하여 성립하고 부분의 집합체로 가정하여 명명되어진 것에 불과합니다. 다음으로 마음과 같이 물질 현상이 아닌 것을 예를 들어봅시다. 마음에는 물질적인 부분이나 면은 없지만, 발생하여 멸하는 순간 순간의 의식으로 성립되어 있습니다.

예를 들면,「오늘 나의 생각」이라고 합시다. 이것은 오늘 하루 24시간 사이에 체험한 의식의 흐름에 붙여진 전체적인 명칭에 지나지 않습니다. 또「나의 마음」이라고 했을 때「마음」이 되는 것은, 얼핏 보면 아무 것도 존재하지 않는 확고하게 존재하고 있는 것으로서 우리들의 마음 가운데 나타납니다.

그러나 「마음」은 순간 순간적으로 발생하여 멸하는 의식의 집합체에 대해 붙여진 명칭에 지나지 않습니다. 외적인 현상도 그것과 같습니다. 외적인 사상은 그것 자체의 힘으로 이루어진 존재인 듯이 보이지만, 잘 분석해 보면 그렇지 않다는 것이, 다른 것에 의존하여 존재하고 있다는 것을 알 수 있습니다.

다른 예를 들면, 「정부」를 예로 들어봅시다. 우리들은 자주 「정부는 이렇게 말했다」, 「정부는 이렇게 생각했다」고 말합니다. 그렇다면 정부에 실제로 혀나, 입이 있는가하면 그렇지 않습니다. 「정부」에는 실체가 없는 개념적 의식에 의해 명명되어진 것에 불과합니다.

모든 사물에 대해서도 마찬가지라 할 수 있습니다. 어떠한 것도 분석하지 않고 보고 있으면, 그것 자체의 힘에 의해 존재하고 있는 것처럼 보입니다. 그러나 분석해보면 그 실체를 빠트리고 있는, 결국 공(空)인 것입니다. 그렇다면 공은 어떨까요?

공에 무언가의 작용을 미치게 할 능력이 있다면(다른 것에 의존하여 존재하는 것만이 다른 것에) 작용할 수 있다. 그 기반이 되는 것이 있는 것입니다. 거기에서 공이란 무엇인가, 분석을 하기 시작하는 것입니다만, 실체를 빠트리고 있다든가 무자성(無自性) 등으로 애매하게 규정하는 것이 고작입니다.

또한 계속하여 자세히 분석하여 이것저것, 여러 가지 형태의 공을 조사해 가는 것입니다만, 여러 가지 존재와 마찬가지로 공의 진수에 이를 수 없습니다. 그 실체를 발견할 수는 없는 것입니다. 즉 공조차도 또한 공인 것입니다. 이처럼 불교에서는 여러 가지 존재를 분석하여 탐구해 보아도 그것을 발견할 수는 없다고 주장합니다.

그렇다면 전혀 존재하지 않는가 하면 그런 일은 없습니다. 모든 것은 세속의 진리(세상 일반이 승인하고 있는 진리)의 세계에 있어서는 분명히 실체를 갖고 존재하고 있는 것입니다. 그러나 잘 분석해 보면 모든 것은 다른 요소에 의존하여 성립하고 있는, 즉 연기하고 있다는 것을 알 수 있습니다.

분노나 탐욕이라는 번뇌는 대상을 좋은 것과 나쁜 것으로 분별하는 우리들의 개념으로부터 발생합니다. 좋고 나쁜 것은 대상 그 자체에 갖추어진 것은 아님에도 불구하고, 좋고 나쁘다는 개념을 투영하여 그것이 대상에 부속하는 성질이라고 생각하는 것입니다.

불교에서는 사물의 진실한 상태를 잘못 파악하는 무지야말로, 모든 번뇌의 근원이라고 말하고 있습니다. 모든 사물에는 자립하여 항상 불변하는 실체는 없습니다. 즉 공이라고 깨달은 지혜에 의해 아집을, 사물에는 자립된 실체가 있다는 잘못된 개념을 끊을 수 있습니다.

사람이나 여러 가지 사물에는 독립된 실체가 없는 것을 보고, 그것을 행한 후 사람들 사이에서 나와 조용히 관찰해 보십시오. 이전과 같이 사람들이 누군가는 인식할 수 있어도 받는 느낌은 미묘하게 다를 것입니다:

아집을 단절하는 지혜를 키워가므로써, 우리들은 최종적으로 해탈을 얻을 수 있거나 열반에 이를 수가 있습니다. 우리들에게는 윤회로부터 해방되어, 깨달음에 이르는 능력이 갖추어 있으므로, 그것을 이용하지 않을 수는 없습니다. 그렇게 하기 위해서는 우선 그렇게 되고 싶다는 강한 마음을 일으킬 필요가 있습니다.

3절. 귀의의 대상을 관상

이제 《초심자를 위한 쉬운 밀교 명상법》의 교재에 따라 계속하여 설명하겠습니다. 교재는 자기 혼자만이 아닌 살아있는 모든 것을 깨달음에 이르게 한다는 바람을 가지는 것이 가장 중요하다는 것을 설명하고 있습니다.

이러한 동기를 갖고 귀의의 수행을 합니다. 즉 불·법·승가(수행자들의 모임)에 대해 귀의를 행하는 것입니다. 그때 살아있는 모든 것을 자기 주변에서 관상합니다. 수행의 관상 그 자체는 다음과 같이 합니다.

눈앞의, 눈과 같은 높이의 공간에 빛 그 자체로써 만들어지는 귀의의 대상을 관상합니다. 부처나 보살을 비추는 것으로써 관상하면, 마음이 번뇌로 빠져들거나, 졸리게 되거나 하는 것을 피할 수 있습니다.

반대로 단단하고 무거운 것으로서 관상하면 지나치게 흥분하는 것을 피할 수 있습니다. 마음이 지나치게 흥분하는 것도 또한 명상에 방해가 되는 것입니다. 중앙에는 금색의 석가모니불, 그 오른 쪽에는 관음, 왼쪽에는 문수를 관상합니다. 관음의 색은 흰색으로 청정함을 상징합니다. 문수의 몸의 색은 황색으로 증가하는 지혜를 상징합니다. 관음을 명상하면 동정의 마음을, 문수를 관상하면 지혜를 증가시킬 수 있습니다.

석가모니불의 앞에는 금강수를 관상합니다. 금강수의 몸 색은 감청색으로 약간 분노의 형상을 하고 있습니다. 눈에 보이지 않는 이상한 장애에 부딪혔을 때는 금강수의 만트라를 외우면 도움이 됩니다.

마지막으로 녹색의 타라를 석가모니불의 뒤에 관상합니다. 장수를 위한 수행법도 여러 가지가 있습니다만, 중심이 되는 것은 타라의 명상법에 기초를 둔 것입니다.

앞에서 살아있는 모든 것은 자기 주변에서 관상한다고 했는데, 자기의 우측에 아버지를 위시한 남자의 친척, 좌측에는 어머니를 위시한 여성의 친척, 앞에는 자기의 적, 뒤에는 적을 제거하는 모든 중생을 관상하는 것이 좋겠지요.

중생이라 하더라도 모두 인간의 모습을 취하고 있고, 여기까지 여러 가지 경계의 장애(障碍)로 인하여 생겨나고 변한 괴로움을 맛보았다고 생각하십시오. 자기 자신이 행복을 강하게 소망하고 괴로움을 피하기를 원하는 것처럼, 다른 살아있는 모든 것도 스스로 행복을 바라고, 괴로움을 피하기를 원한다는 사실을 생각해 내십시오.

당신의 적으로 간주하는 상대, 만날 때마다 당신을 애타게 하거나 거북하고 나쁜 생각을 하게 하는 상대, 당신에게 상처를 입히려고 흉기를 지닌 상대가 있다면, 특히 눈앞에서 똑바로 관상하고 이렇게 생각하는 것입니다.

"그들도 나도 똑 같은 중생이며 나도 똑같은 본성을 갖고 있다. 그들 또한 행복을 바라고 불행을 바라지 않는다."

적에 대해 화를 내거나 악의를 품더라도 아무런 도움이 되지 않습니다. 악한 감정에 악한 태도를 갖고 있으면, 상대에게 해를 입히거나 자기 마음의 평안을 잃을 뿐입니다. 상대를 실제로 해칠 수 있다면, 악한 감정을 가질 가치는 있겠지만 그렇지 않습니다.

예를 들면, 저 달라이 라마가 한 티베트인으로서 중국인이나 중국의 지도자들에 대해 극단의 악한 감정을 갖더라도 상대에게는 아무 일도 일어나지 않겠지요. 그들은 아무렇지 않습니다. 그와는 반대로 저는 마음의 평안을 잃어버립니다.

타인에 대해 화가 나는 감정을 갖고 있으면, 그 경과는 상대가 아닌 자기에게 옵니다. 그런 까닭에 적을 스스로의 앞에 관상하는 것입니다. 이와 같이 계속 관상하여 성스러운 어구를 21회 혹은 되도록 많이 외우십시오.

『나무 붓다야』(부처에 귀의합니다.)

『나무 다르마야』(법에 귀의합니다.)

『나무 상가야』(승가에 귀의합니다.)

라고 여유가 있다면 계속하여 다음과 같은 수행을 해보십시오.

동정의 마음과 신앙심을 가지고 귀의의 만트라를 외우는 사이에 귀의의 대상으로부터 빛이 나와 당신과 당신의 주위에 있는 중생의 신체로 들어갔다고 관상합니다. 그리고 당신과 중생 안에 있던 분노·탐욕·무지의 번뇌가 모두 정화되었다고 생각하십시오.

4절. 보리심을 일으킴

보리심을 일으킬 때에는 우선 자신과 같이 다른 중생도 똑같이 행복을 원하고 불행을 피하기를 원하고 있다는 사실을 생각할 필요가 있습니다. 유일하게 다른 것은 자기가 단 한 사람인 것에 대해 다른 중생은 무수히 존재하는 것뿐입니다.

바꿔 말하면, 자기는 소수파 다른 중생은 다수파인 것입니다. 거기서 자기와 다른 중생 중에 어느 쪽이 중요한 존재인가를 생각하십시오. 압도적으로 다수의 행복을 위해 한 사람이 고통스럽다면, 그 고통은 가치가 있다고 말할 수 있습니다만, 한 사람을 위해 압도적인 다수가 괴로운 것은 이치에 맞지 않는 이야기입니다.

또 우리들은 중생에게 의존하여 살고 있고, 중생이 없이는 현재·과거·미래를 불문하고 행복을 얻을 수 없는 것입니다. 그러면 다른 살아있는 것의 행복과 이익을 더욱 생각하는 편이 최종적으로는 우리들의 이익과 연결될 것입니다. 이렇게 생각하면, 자기보다도 다른 중생이 중요하고, 자기의 운명이 다른 중생에게 달려있음을 알 수 있을 것입니다. 보리심 즉 모든 중생을 깨달음에 이르게 하려는 마음을 유지하기 위해서는 다음과 같은 마음의 훈련을 행합니다.

1) 우선 평등심을 기릅니다.

친한 사람에게는 애착을, 적에게는 미움을, 친하지도 적도 아닌 사람에게는 무관심한 태도를 버리고, 살아있는 모든 것에 차이가 없는 평등한 마음을 향하도록 하는 것입니다. 눈앞에서 최악의 적, 가장 좋은 친구, 어느 쪽도 아닌 인물의 세 사람을 관상하고, 어떤 감정이 복받쳐 오는가를 관상하십시오.

우리들은 세 사람 각각에게 다른 감정을 품습니다. 그것은 왜일까요? 상대가 자기에게 있어서는 좋은 일을 해주면, 친구로 간주합니다. 그러나 이제부터 쭉 계속 좋은 친구가 될지의 보증은 어디에도 없습니다. 지금은 친구라도 다음 순간에는 절교할지도 모릅니다.

애착을 갖는 것을 생각해 보아야 합니다. 친숙함을 느끼는 것은 상관없지만 무턱대고 상대에게 집착하는 것은 문제입니다. 이러한 사고의 과정을 거치다 보면 자연히 평등한 감정이 길러지게 됩니다.

"이 사람은 좋은 친구이지만, 저 사람은 나쁜 적이다. 그러나 상관없다. 자신을 균형 있는 평등한 마음으로 있겠다."고 생각하는 것이 최적의 단계입니다.

2) 모든 중생이 금생, 혹은 과거생에서 당신의 어머니였다는 것을 인식합니다.

불교에서는 살아있는 것은 태생·난생·습생(습기 속에서 사는 것)·화생

(과거의 자기 업에 의해 홀연히 변화하여 태어난다)의 4가지 종류로 태어난다고 말합니다. 태생과 난생이라면 반드시 어머니가 있을 것입니다. 우리들은 무시(無始)의 과거부터 지금에 이르기까지 수많은 윤회전생을 계속하고, 어떠한 중생도 무엇이든 저의 생에 있어서 저의 어머니였던 적이 있을 것입니다.

저 개인의 어머니가 죽은지 오래 되었더라도, 여기에 모인 여러분 모두가 저의 과거 생에서, 어딘가에서 한 번은 저의 어머니였음을 느낍니다. 논리적으로 이것은 진실이라고 보증할 수 없지만, 그러한 감정을 가질 수는 있습니다.

3) 과거생의 어머니였던 중생의 은혜를 상기합니다.

또한 과거 생에 있어서 부친이나 친한 친구였던 중생의 은혜를 생각하고, 그들에 대해서 무한한 갚을 수 없는 은혜를 입었다고 느낍니다.

4) 은혜를 생각하고 보답합니다.

자기 주변의 친척뿐만 아니라 살아있는 모든 것의 은혜에 보답하는 것입니다. 우리들의 생활 모두는 다른 살아있는 것에 의존합니다. 면으로 된 옷을 예로 들어봅시다. 면은 밭의 산물이며, 재배하고 수확한 사람이 있을 것입니다.

나의 강연장인 건물의 방을 예로 들어 봅시다. 오늘은 조금 덥지만, 그 이외에는 꽤 쾌적합니다. 이 쾌적함은 손이 부르트고 허리가 휠 정도로 노동을 해준 건축 노동자의 피와 땀의 결정입니다. 우리들이 오늘날까지 살아올 수 있었던 것도 음식물이 있었기 때문입니다.

저 역시 오늘까지 먹은 빵을 쌓으면 산이 될 정도이며, 마신 우유는 연못이 될 것입니다. 야채가 아니면 고기가 산이 하나가 될 정도겠죠. 야채라 하더라도 여러 가지 과일이나 야채를 먹습니다. 그러한 것은 하늘에서 내려온 것이라도 홀연히 나타난 것은 아닙니다. 많은 사람들이 몸의 수고를 아끼지 않고 생산한 것입니다.

그렇다면 명성은 어떤가요? 이 세상에 두 사람밖에 없다면, 유명해질 가능성은 없습니다. 명성은 많은 사람들의 입에 의해 생기는 것이며, 타인이 있음으로 명성도 성립하는 것입니다. 이와 같은 의식주의 모든 것을 다른 살아 있는 것에게 의존하고 있는 것입니다.

거기서 당신은 생각할 지도 모릅니다.

"그렇지만 나는 반드시 대가를 지불하고 있다. 그에 상응하는 돈을 내고 샀다. 돈만 있으면 식물은 무엇이든 손에 넣을 수 있다."

지불에 이용한 돈을 별도로 당신의 입안에서 나온 것은 아닙니다. 돈도 많은 사람들의 손을 통해 당신에게 온 것입니다. 당신의 존재 그 자체가 전면적으로 다른 것에 의존하고 있는 것입니다.

여기서 당신은 생각하겠지요.

"그것은 사실이지만 다른 살아 있는 것은 의도적으로 나를 도우려고 있는 것은 아니다. 그들이 살아가기 위해 한 일이, 결과로써 나에게 도움이 되었을 뿐이다."

이것도 또한 진실입니다. 그렇지만 우리들이 자기의 관심에 응해주는 것을 중요하게 생각하는 것은 확실합니다. 예를 들면 자기가 소유한 시계를 바닥에 떨어뜨려 망가졌다면 저는 무언가 상실감을 느끼겠지요. 특별히 시계가 저에게 친절하거나 저에게 관심을 가져주고 있었던 것도 아닙니다. 시계는 저에게 있어서 도움이 되었을 뿐이기 때문에 저는 시계를 소중하게 여긴 것입니다.

그것과 마찬가지로 상대측에 특별한 의도는 없더라도, 자기에게 도움이 된다면 상대로부터 은혜를 입은 것을 인정하고, 그 은혜를 기억해둘 필요가 있습니다. 그들의 노력과 공헌에 의해 자기가 살아가고 있다는 사실을 인식해야 할 것입니다.

이와 같이 생각하여 다른 사람의 은혜를 생각하면, 그 자체가 상당히 큰 수행이 됩니다. 동정의 마음이나 배려의 마음, 이타심(利他心)의 수행은 한층 뛰어난 수행입니다. 때때로 사람이라는 존재에서 오는 마음의 힘에 감탄하지 않을 수 없습니다.

인간의 마음은 자기보다 타인을 중요시하는 보리심을 만들어 낼 수 있습니다. 이것은 주목해야 할 사실입니다. 우리들은 부처나 보살이라는 고차원의 존재를 존경합니다만, 배려의 마음과 같은 좋은 덕성을 유지할 때는, 부처보다도 일반 중생이 더 중요한 역할을 합니다.

일상생활에서도 다른 살아있는 것에 의존하여 살아가고, 깨달음으로의 수행에서도 다른 살아있는 것에 의존하여 마음을 정화하는 것입니다. 다른 살아있는 것의 도움 없이는 중요한 수행도 될 수 없습니다. 수행을 할 때에도 가장 중요한 조건은 다른 살아있는 것입니다.

다른 살아있는 것 없이는 자비도 동정의 마음도, 배려의 마음도 보리심도 행할 수 없는 것입니다. 동정의 마음과 보리심을 기르려면 우선 인내를 길러야 합니다. 인내 없이는 수행과 같은 것이 이루어질 수 없기 때문입니다.

  동정이나 자비로운 마음의 최대 장해는 분노나 미움입니다. 분노나 미움을 감소시키기 위한 열쇠가 되는 것은 인내의 마음이고, 그것을 기르려면 적이 필요합니다. 적(敵) 그 자체는 우리들을 도울 생각이 없겠지만, 적의 행위 덕택에 우리들은 인내를 행할 기회를 얻는 것입니다.

  적과의 만남은 수행을 위한 다시없는 기회입니다. 우리들 마음의 진보를 위해서는 모든 살아있는 것이, 특히 적이라는 존재가 큰 역할을 하고 있는 것입니다.

  이와 같이 우리들은 일상생활에서도 수행의 장에서도, 전면적으로 다른 살아있는 것에 의존하고 있는 것입니다. 이렇게 보면 친한 친구뿐만 아니라, 모든 살아있는 것이 자기에게 있어서 중요한 존재임을 알 수 있습니다.

5) 타인에게서 받은 은혜를 보답하려는 생각을 기릅니다.

6) 그 위에 자기와 타인을 같은 존재로 보는 명상을 합니다.

  우리들이 불행을 꺼려하고 행복을 바라듯이, 다른 살아있는 것도 같은 욕망을 갖습니다. 그것을 깨달음으로서 자·타를 똑같이 간주하는 평등심을 갖는 것입니다. 다른 사람을 자기 몸의 일부로서 간주하십시오. 우리들은 몸에 위험이 닥쳤을 때 몸의 각 부분을 지키려고 합니다.

  다른 살아있는 것도 자기 몸의 일부이며 다른 사람이 해를 당하면 자기도 해를 당한 것처럼 느끼십시오. 그러면 최후에는 모든 살아있는 것이 자기 가족의 일원처럼 느껴지게 됩니다.

7) 이 단계에서는 이기적인 생각 때문에 얼마나 폐해가 생길지를 두루 생각하게 합니다.

저 자신에게 항상 이야기하는 것입니다만, 자기의 이익을 가져온다는 이기적인 동기는 최종적으로 많은 문제를 발생하는 것입니다. 살생, 도둑질 같은 행위는 종교적인 견지에서뿐만 아니라, 법률에 비추어 보아도 나쁜 행위라 할 수 있습니다.

이러한 착하지 못한〔不善〕 행위는 이기심에서 생겨난 것입니다. 부부 사이에, 부모 자식간에, 이웃 동맹 국가와, 국가와 국가의 싸움도 궁극적으로는 내면의 혼란에 이기심이 뿌리내리고 있는 것입니다.

8) 반대로 이타심을 기르면 자신의 행복도 생길 수 있음을 이해합니다.

타인에게 구호의 손을 내밀어 성의와 마음의 넓음을 보이는 것은 자기에게도 큰 이익을 가져다줍니다. 예를 들면 친구를 만들기 쉬운 것과 같은, 우리들 티베트인들은 나라가 없는 난민이지만, 어딜 유랑하여 가든지, 성심과 선의의 웃는 얼굴을 가지고 사람들을 만나는 한 친구를 만드는데 힘 드는 일은 없겠지요.

반대로 이기적으로 타인을 업신 여기는 태도를 취한다면, 어디를 가더라도 미움을 받겠지요. 자기보다 타인을 사랑하는 마음을 가지면, 당신에게 큰 이익을 가져오게 됩니다. 이타심이 있으면 수행도 잘 되며,

보다 높은 경지에 이를 수도, 내세에 좋은 경지로 윤회전생을 할 수도, 해탈할 수도, 부처의 경지에 이를 수도 있기 때문입니다.

이기적인 동기에서 다른 살아있는 것을 살생하면, 그 업의 결과로써 여러 가지 고통을 얻거나 단명하게 됩니다. 이타적인 동기, 즉 보리심으로부터 다른 생명을 구하면 업의 결과로서 좋은 인생으로 태어나거나 장수하게 됩니다.

도둑질에 따른 업의 결과는 빈곤이며, 보시로 인한 업의 결과는 부를 얻습니다. 거짓말에 따른 업의 결과는 마음의 혼란이며, 진실의 업은 마음의 맑고 깨끗함〔澄明〕을 증가시키는 것입니다.

이렇게 타인의 이익을 생각하지 않고 자기 중심적인 행위를 하는 사람은 그 업의 결과로써 고통을, 반대로 이타심을 행하는 사람은 반드시 좋은 결과를 얻을 것입니다. 세속의 생활이든 영적인 수행의 길이든 체험의 정도는 다르지만, 이기적인 태도의 결과로써 고통을 이타적인 태도의 결과로써 행복을 얻는 점은 변하지 않습니다.

9) 이상과 같은 과정을 지나 자타를 교환할 수 있게 됩니다.

다른 중생을 위해 도움이 되려고 하는 생각이 저절로 생기는 것입니다. 여기서 우리들은 「주어라, 맡는 수행(톤렌)」즉, 관상가운데서 다른 중생의 괴로움을 인수받아 자기의 행복이나 행복의 근원을 중생에게 보시하는 수행을 합니다. 이것에 의해 자비의 수행을 더욱더 높여갈 수 있습니다.

10) 「수행」을 행한 결과, 「기특한 마음가짐」이 생깁니다.

이것은 전 우주에 미치는 책임 관념이라고 불러야 할 것입니다.

11) 「기특한 마음가짐」을 가짐으로써 보리심이 다른 중생의 이익을 가져오기 위한 최고의 깨달음을 얻으려는 마음가짐이 생깁니다.

이것이 명상의 최종단계입니다. 이것은 아상가〔無着〕로부터 유래하는 수행법인 「7가지 인과교성(因果教誡)」과 샨티데바로부터 유래하는 「자타를 평등하게 보고, 교환하는 명상법」을 하나로 통합한 보리심을 일으키기 위한 수행법입니다.

이상과 같은 마음가짐을 기반으로서 다음과 같은 귀의의 문구를 암송하십시오.

불 · 법 · 승가에
깨달음을 펼칠 때까지 귀의합니다.
6가지의 완성의 수행(육바라밀)과 같은 수행의 공덕에 의해
중생을 위한 부처가 될 수 있도록

이 문구를 외울 때에는 순수한 이타심을, 보리심을 가질 필요가 있습니다. 언어가 장작과 같은 작용을 하여 당신 마음속에 보리심의 불이 지펴지겠지요. 암송하는 언어는 영어든 다른 언어든 상관없습니다.

3회 혹은 그 이상 반복하여 외우십시오.

|질|의|응|답|

인생의 흥망성쇠가 과거의 업에 의한 것이라 하는 편이 받아들이기 쉬운 것이며, 금생에서 나쁜 짓을 하면 내세에 그 보답을 받는다고 하는 편이, 하루하루의 행동을 억제하기 쉬운 것임을 알 수 있습니다. 그러나 내세나 과거 생을 꼭 믿어야 할 필요가 있나요?

A.

물론 그런 것은 아닙니다. 항상 이야기합니다만, 불교의 신도이든 아니든 사람은 배려의 마음을 가져야 할 것입니다. 배려의 마음은 과거 생이나 내세, 업의 이론이나 불교의 개념을 믿든 믿지 않던 간에 가능한 것입니다. 남을 배려하는 마음 그것을 종교라 할 수 있습니다.

공산주의자와 같이 종교를 싫어하는 사람이더라도 배려하는 마음이 있고, 정이 깊은 사람이 되는 것은 가능합니다. 저 자신은 많은 사람의 이익을 위해 스스로의 목숨을 희생하는 삶을 살았던 사람들을 개인적으로 몇 사람 알고 있습니다. 이런 사람들에게는 태어났을 때 좋은 덕성이 있고, 불교의 윤회전생설을 믿지 않아도, 배려의 마음을 갖고 행동할 수 있는 것입니다.

제가 항상 말했듯이 자비나 배려의 마음이 바로 보편적인 종교입니다. 오늘 우리들은 불교에 대해 토론하고 있기 때문에 불교의 관점에서 사물이나 상황을 이야기하고 있습니다만, 불교적인 가르침에 흥미가 없는 사람이 단지 배려가 있는 사람이 되려고 해도 그것은 그것으로 충분히 성공할 것입니다.

그렇다 하더라도 완전한 깨달음(보리)이라는 개념을 받아들이지 않은 인간

| 질 | 의 | 응 | 답 |

이 결과로서 보리심을 일으킬까 하는 것은 별개의 문제입니다. 왜냐하면 보리심이란 깨달음을 통하여 부처의 경지를 얻으려는 마음이기 때문입니다.

Q.
법왕은 미세한 의식에 대해 말씀하셨는데, 의식 그 자체와 대상을 파악하는 의식의 차이는 무엇일까요?

A.
일반적으로 대상이 없는 의식을 상상하는 것은 어렵다고 할 수 있겠죠. 왜냐하면 의식은 티베트어로 「나무세」, 나무란 구분, 세는 안다[識]의 의미로 단어 그 자체에 대상을 분류하여 인식한다는 의미를 함축하고 있기 때문입니다.

행위라는 관점에서 보면, 의식이라는 단어는 보다 거친 차원의 마음(표층의 마음)을 가리킨다고 생각합니다. 보통 사람에게 있어서 미세한 의식이란 기절했을 때 등, 보통 표층의식을 잃었을 때 나타나는 것입니다.

사람은 죽을 무렵, 의식의 8가지 용해의 과정을 체험합니다. 그 7번째의 단계가 「검은 현상」이라 불리는 것입니다. 「검은 현상」의 단계에 들어가도 전반에는 아직 희미한 의식을 각성상태로 머물게 해줄 수 있습니다만, 후반에서는 그것조차 할 수 없게 되어 8가지 용해 과정의 마지막, 「광명의 마음」은 업의 힘에 의해 무의식 중에 체험하는 것입니다.

우리들의 업의 결과인 마음의 여러 가지 작용(受·想·行·識)은 죽을 무렵 저절로 생기는 8가지의 용해 과정 속에서 소멸합니다. 이 과정은 자동적으로

일어나고 보통사람들은 그것을 조절할 수 없습니다. 그러나 요가 훈련을 통해 미세한 에너지(티베트어로 풍(風), 룬) 등을 활용할 수 있게 된다면, 눈을 뜬 채 광명의 마음을 체험할 수 있게 됩니다.

수행자는 깨달음의 힘에 의해 광명의 마음 즉 가장 미세한 의식을 불러일으키고 그것을 파악한 상태에 머무릅니다. 명상자는 조절을 잃지 않고, 광명의 마음이 피어오른 상태에 있어서 공성(空性), 그 자체를 여러 가지 존재의 진실한 형태를 직접 체험합니다.

Q.

죽음이 의식 궁극 형태라면 유령(귀신)이란 무엇일까요? 법왕은 유령(귀신)을 만난 적이 있습니까?

A.

어린 시절 유령이 상당히 무서웠습니다. 불교에서는 고락의 크고 작음에 의해 6종류의 전생을 지옥·아귀(餓鬼)·축생·인간·아수라(阿修羅)·천(天)의 6가지 경지로 윤회전생 한다고 합니다. 또 거기에 살고 있는 살아있는 것의 심신의 미세함에 의해 욕계·색계·무색계 18) 의 3가지의 세계로 나눌 수 있습니다. 유령은 세 가지 세계의 어디에도 존재하지 않습니다. 그 어떤 것은

---

18) 욕계(欲界)는 욕망이 있는 물질적 세계이며, 우리들이 살고 있는 세계를 포함하여 육도 윤회의 세계 모두가 욕계이다. 색계(色界)는 욕망이 끊어졌지만 아직 육체가 존재하고 있는 세계이며, 무색계(無色界)는 육체는 가지지 않고 정신적 요소만으로 된 세계이다.

| 질 | 의 | 응 | 답 |

나쁜 존재이며, 그 어떤 것은 좋은 존재입니다. 어떤 것은 잔혹하고 어떤 것은 친절합니다.

Q.

법왕은 「나」가 주인처럼 나타난다고 말씀하셨는데, 이것이 어떤 의미인지 알 수 없습니다. 우리들을 행동하게 하고 사고하게 하는 무언가가 우리들 속에 있는 것인지요. 그것은 자아를 말합니까?

A.

우리들은 「나」, 또는 「아(我)」의 존재를 부정할 수 없습니다. 「나」나 「아(我)」를 찾아도 발견해 낼 수 없습니다만, 확실히 「나」, 또는 「아(我)」라고 명명되어진 것은 있는 것입니다. 「나」 또는 「아(我)」는 다른 것에 의존하여 성립하고 있는 것이며, 자립된 존재는 아닙니다.

고대 인도의 비불교 사상의 대부분은 심신의 5가지 구성 요소의 모임(오온)과는 별도의 독립된 실체를 말하고 육체는 변화하여도 항상 불변의 독립된 아(我), 진아(眞我)가 있다고 주장했습니다.

불교에서는 그와 같은 「아」를 받아들이지 않습니다. 이러한 「아」란 것을 산스크리트어로 아트만이라 부릅니다만 「아트만」이라는 말 그 자체가 확고한 독립된 무언가를 상징하고 있습니다. 우리들의 마음이 변하면 「나」, 또는 「아」도 자동적으로 변합니다.

|질|의|응|답|

예를 들면, 통증을 느끼면 「나는 아프다」, 「나는 병이 났다」고 말합니다. 이 경우의 「나」는 항상 불변의 독립된 하나의 「아」가 아닌, 「나」라는 명칭을 통해 자기 자신을 표현하는데 불과한 것입니다.

Q.
모든 사물이 공(空)이며 환상과 같은 것이라면, 우리들은 어떠한 입장에 서면 좋을까요.

A.
공이란 사물이 존재하기 위한 기반입니다. 어떠한 것도 공인 성질을 갖고 참인 존재의 실체를 빠트리고 있습니다. 공성이란 성질입니다. 원인에 의존하여 성립하고 있는 것은 순간순간 변화하고 있습니다. 어째서 그러한 변화가 가능할까요?

공인 성질이 있기 때문입니다. 사물에 항상 불변의 실체가 있다면 변화하는 일도 있을 수 없습니다. 공은 언뜻 보기에 상반되는 여러 가지의 작용을 가져오기 위한 변화하기 위한 기반인 것입니다.

제6장 깨달음의 길

보리심의 명상 164
선정(禪定) 167
만트라 암송 173
공성(空性)의 명상 178
질의응답 184

1절. 보리심의 명상

인도인의 스승 하리바둘라(師子賢)는 그의 저서 가운데,
『보리심이란 다른 살아있는 것을 고통에서 벗어나게 하고 싶은, 다른 살아있는 것을 위한 깨달음을 펼치고 싶다는 바램에서 생긴 의식 상태이다.』라고 설명하고 있습니다. 깨달음을 얻으려는 바램, 즉 보리심은 직접 깨달음을 목표로 하는 지혜의 국면과 다른 살아있는 모든 것을 구제하려고 하는 자비의 국면, 이 두 가지에 의해 특징지을 수 있습니다. 깨달음을 얻으려면 우선 열반(고통이 멸한 경지)를 얻지 않으면 안 되며, 그렇기 위해서는 우선 공성을 깨닫지 않으면 안 됩니다.

불교도와 불교도가 아닌 것을 나누는 기본적인 수행이 귀의(歸依)입니다. 불·법·승가에 귀의하면 당신은 불교도입니다. 그렇지만 귀의로부터 얻어지는 지심(至心)의 성과를 구한다면, 공성을 깨닫지 않으면 안 됩니다. 이처럼 귀의의 수행에도 여러 가지 차원이 있습니다.

수행하는 순서에 대해 설명하면 불교도가 아닌 사람은 우선 공성에 관해 이해를 하고 그것에 의해 고통이 멸한 경지(열반)를 바르게 판단할 수 있게 됩니다. 그럼으로써 불법으로의 신뢰의 초석이 다져지고, 그것을 말한 석존과 그것을 행하는 수행자들의 모임인 승가(僧伽)에 대한 존

경심이 길러지게 됩니다.

일반적으로 수행자에도 두 가지 타입이 있습니다. 주로 논리를 통해 수행해 가는 고도의 능력자와 주로 신앙에 의지하여 수행하는 보통 능력의 소유자입니다. 불·법·승으로의 귀의가 불교도로서의 출입구라면, 보리심이 있고 없음이 대승불교의 수행자와 소승불교의 수행자로 구분합니다.

대승불교의 수행이라면 귀의뿐만 아니라 보리심을 일으킬 필요가 있는 것입니다. 제가 쓴《초심자를 위한 쉬운 밀교 명상법》의 순서에서는 귀의와 발보리심의 명상 뒤에서 복덕(선행에 의해 얻어지는 복리)을 쌓기 위해 관상한 귀의의 대상에 의식을 집중하고 7지분의 기원문을 외우고 공양합니다.

이 7지분의 기원문은《화엄경》의 〈보현행원찬〉에 의존하고 있습니다. 7지분은 또 반야경전 속에도 언급되어 있습니다. 7지분은 ① 예배(禮拜), ② 공양(供養), ③ 참회(懺悔), ④ 수희(隨喜), ⑤ 권청(勸請), ⑥ 기원(祈願), ⑦ 회향(廻向)의 7가지 항목으로 되어 있습니다. 처음은 예배입니다.

교재에는 다음과 같이 말하고 있습니다.

『여기서 다시 귀의의 대상을 생각해내고 예배합니다. 온몸을 땅에 던지는 완전한 오체투지(五體投地)의 예배, 또는 이마와 팔꿈치 무릎을 땅에 대는 간략한 오체투지의 예배와 양손을 모으는 합장의 예만 올려도 괜찮습니다.

깊은 경의의 마음을 갖고 다음 문구를 암송합니다.

현재 · 과거 · 미래의 각자(覺者)들과
법과 승가에 즐거운 마음과 함께
마음 속 깊은 곳에서부터 경의와 신의를 가지고 귀의합니다.』

텍스트의 어구가 명료하므로 자세한 설명은 필요 없다고 생각합니다. 예배의 수행은 자만심(自慢心), 즉 잘난체 하는 마음을 극복하려는 것입니다. 마찬가지로 ② ~ ⑦에서도 귀의의 대상을 계속 관상하고 교재에 기록된 어구를 암송합니다.

②의 공양은 부처에게 공양물을 올리는 일, 이것은 이기심을 극복하기 위해 행합니다.

③의 참회는 범한 죄를 부처님 앞에서 고백하는 것. 이것은 자기의 죄나 실패, 결점을 정화하고 분노 · 탐욕 · 무지의 근본적인 번뇌를 극복하기 위한 것입니다.

④의 수희(隨喜)는 타인의 선행에 즐거운 마음을 갖는 것, 이것은 질투를 극복하는데 도움이 됩니다.

⑤의 권청(勸請)은 부처님에게 불법을 말해 달라고 청하는 것, 이것은 경전 등의 성스러운 대상에 관련된 나쁜 업을 극복하는데 도움이 됩니다.

⑥의 기원은 부처님들이 열반에 들어가지 않고, 이 세상에 머물러 불법을 계속 이야기해 주기를 기원하는 것이며, 이것은 성자들을 경멸함으로써 쌓은 나쁜 업의 정화에 도움이 됩니다.

⑦의 회향은 자기가 쌓은 선한 뿌리를 다른 중생에게 돌리는 것, 이것은 인과나 업의 법칙을 부정하는 잘못된 견해의 극복에 도움이 됩니다.

2절. 선정(禪定)

앞에서 말했듯이 혹시 마음이 흔들림 없이 일정한 대상에게 쏟는 수행(止)을, 깊은 선정을 행하는 것이라면, 수개월 동안 마을에서 떨어진 조용한 장소로 향하여 명상삼매의 생활을 할 필요가 있습니다.

여러분 대부분은 거기까지 할 작정은 아니겠지만, 그래도 일상생활에 선정의 수행을 포함시키는 것은 가능합니다. 그 경우 명상의 대상은 무엇이라도 좋습니다.

《초심자를 위한 쉬운 밀교 명상법》에서 관상의 대상으로 한 것은 석가모니불과 관음·문수·금강수·타라의 네 보살입니다. 여기에서 「지(止)」는 마음을 흔들림 없이 일정의 대상에 쏟는 수행을 하는 것입니다만, 주로 주존인 석가모니불의 의식을 집중시키고 남은 네분의 보살님들에 대하여 마음을 느긋하게 하여 관상하십시오.

관상 전에는 우선 부처와 보살들이 어떠한 모습을 하고 있는지, 매우 자세히 알아두면 좋겠지요. 그러면 관상할 때에 도움이 될 것입니다. 앞에서 말했듯이 석가모니불의 신체는 눈부신 빛을 비추고 있지만, 그 자체는 굉장히 농밀(濃密)한 것으로서 관상하십시오. 그러면 마음이 안정됨과 함께 의식이 슬며시(혼란스럽게) 가라앉는 것을 피할 수 있기 때문입니다.

부처와 보살들의 모습을 관상했다면 그것을 주의 깊게, 되도록 깊게 유지합니다. 대상에 대한 이해도 필요합니다. 이러한 관상의 경우에는 기초로써 마음을 흔들림 없이 일정의 대상에 쏟는 수행〔止〕이 어느 정도 되어있지 않으면 안 됩니다. 집중력이 강하면 관상의 효과도 올라갑니다. 완전한 지(止)를 달성하려면 마음의 안정과 밝음이라는 두 가지의 요인이 필요합니다.

마이트레야(미륵)와 아상가(無着)에 의하면 선정을 달성할 때 5가지 장해가 있고, 그것을 퇴치하기 위해서는 8가지 대처법이 있습니다. 5가지 장애의 맨 처음은 태만입니다.

태만을 퇴치하는 데는 다음 4가지 대처법이 있습니다.

(1) 선정(禪定)을 행하는 것의 이점을 이해하고 거기에 신뢰를 갖는다.
(2) 선정(禪定)에 의한 마음의 안정을 원한다.
(3) 마음의 안정을 목표로 노력한다.
(4) 육체적, 정신적인 가벼움과 평안함〔輕安〕을 갖는다.
　　- 이것은 어느 정도 명상수행을 함으로써 얻어진다.

수행자가 아니더라도 일상생활 속에서 다소나마 선정과「지」에 익숙해져 있으면 좋겠지요. 마음의 예민함, 명확한 이해력을 증가시키고 나른함과 피로감을 제거하는데 도움이 됩니다. 애초부터「지」를 달성할 수 없다면 공정(空性)을 볼 수도 없습니다. 5가지의 장애의 두 번째는 명상의 대상을 잊는 것입니다. 대상을 기억하고 잊지 않는 마음의 작용이 그 대처수단이 됩니다.

세 번째의 장애는 마음의 산란(掉擧)과 마음이 혼란스럽게 가라앉는 것(惛沈)입니다. 이것들을 퇴치하는 힘은 정지(正知: 명확히 깨닫고 확실히 마음에 새기는 것)입니다. 여기에는 거친 것에서부터 미세한 것까지, 여러 가지의 차원이 있습니다.

먼저 혼침(惛沈), 즉 마음이 우울하게 가라앉는 것에 대해 설명하겠습니다. 거친 형태의 혼침은 명상의 대상을 완전히 빗나가게 해버리는 것, 미세한 형태의 혼침은 대상을 명료하게 파악할 수 없는 상태를 가리킵니다.

마음의 산란(掉擧)은 의식을 한 점에 집중시킬 수 없고, 여러 가지 대상으로 산란해져 버리는 것을 말합니다. 미세한 마음의 산란에서는 대상에 의식을 집중시키고 있더라도 그 대부분의 대상에서는 그렇게 하고 있습니다.

혼침의 원인은 마음이 지나치게 느긋한 것입니다. 마음이 산란한 원인은 지나치게 긴장하고 지나치게 따분한 선정입니다. 그것을 피하기 위해서는 지나친 긴장도, 지나친 지루함도 없는, 보다 좋은 균형을 잡은 마음의 상태를 얻지 않으면 안 됩니다. 어떻게 하면 이러한 상태를 극복할 수 있을까요?

마음의 상태를 보면서 마음을 닫거나 느긋하게 하는 것에 의해서입니다. 미세한 형태의 마음이 가라앉는 것에 대해서는 의식의 집중을 증가시켜 대항합니다. 명상의 대상을 완전히 빗나가게 할 만큼 마음이 가라앉는다면 명상을 잠시 멈추고 산보를 하든지, 즐거운 기분을 끌어내어 줄 만한 행복한 일을 생각하면 좋겠지요.

이러한 일은 마음을 자극하는데 도움이 됩니다. 마음이 미세하게 산란하다면 의식의 집중을 다소 늦추면 좋겠지요. 마음이 심하게 산란한 경우에는 무언가 슬픈 일을, 흥분을 진정시켜 줄 만한 일을 생각하는 것입니다. 어떠한 경우에도 스스로의 마음을 작용시켜 스스로의 체험을 통해 균형을 유지한 「지」를 달성하지 않으면 안 됩니다.

5가지 장애의 4번째는 마음이 산란하거나 가라앉거나 했을 때 바른 저항 수단을 취하지 않는 것입니다. 5번째는 그러할 필요도 없을 때에 불필요한 저항수단을 취해 버리는 것입니다.

(5가지의 장해와 8가지 대처법)

(1) 태만(怠慢)
 ① 선정(禪定)을 행하는 것의 이점을 이해하고 거기에 신뢰를 갖는다.
 ② 선정(禪定)에 의한 마음의 안정을 원한다.
 ③ 마음의 안정을 목표로 노력한다.
 ④ 육체적 정신적인 편안함과 안온함〔輕安〕을 갖는다.
(2) 명상의 대상을 잊는다.
 ⑤ 대상을 기억하여 잊지 않는 마음의 작용〔念〕.
(3) 마음의 산란(掉擧), 마음이 우울하게 가라앉는다〔昏沈〕.
 ⑥ 정지(正知)(명확히 깨닫고, 확실하게 마음에 새기는 일)
(4) 마음이 산란하거나 우울하게 가라앉을 때, 바른 저항 수단을 취하지 않는다.
 ⑦ 적용의 힘
(5) 마음이 산란하지도 가라앉지도 않는데도, 불필요한 수단을 취한다.
 ⑧ 인내의 힘

수행에도 여러 가지 있습니다. 외적인 대상이 아닌 어떤 종류의 만트라나 종자(種子: 부처나 보살 등을 상징하는 문자)와 챠크라 등 내면의 대상에 의식을 집중시키는 수행법도 있습니다. 이것은 무상요가 탄트라에서 말하고 있는 수행법입니다.

또한 마음 그 자체에 의식을 집중시키는 수행법도 있습니다. 의식을 집중시킬 대상이 마음이라면, 집중하는 주체도 마음이므로 처음에는 극히 어려울지도 모릅니다. 오랜 수행을 계속하여 스스로의 마음을 숙지하지 않는 한, 마음 그 자체에 의식을 집중시키는 것은 극히 어려운 작업이라 할 수 있습니다.

우리들은 마음에 대해 이야기하고 마음을 이용하지만, 마음 그 자체에 대해 인식하는 것은 매우 어려운 것입니다. 수행의 초보자 때에는 마음에 의식을 집중시키려는 의도를 기르고, 그 의도를 주의 깊게 유지하는 수행을 합니다.

선정을 갖기 위해 9가지 단계가 있습니다. 그 7단계 또는 8단계에 도달했다면, 선정의 장애는 거의 극복되었습니다. 여기서 앞서 말한 것처럼 대처법을 취하면 오히려 해를 초래하기 때문에 평등심을 행합니다. 평등심의 수행도 여러 가지 있습니다.

예를 들면, 모든 중생에 대해 화나 미움을 멀리한 평등한 마음을 기르는 것도 평등심의 수행입니다. 그러나 여기서 말하는 평등심의 수행이란 불필요한 대처법을 마음에 더하지 않는다는 의미입니다.

선정을 집중적으로 행할 때에는 식생활도 중요합니다. 가장 적합한 것은 야채류의 채식을 주로 하는 식사입니다. 티베트 의학의 관점에서 보면 채소류의 식사로써 자랐다면 평생 채소류의 식사로 하는 편이 무난합니다. 도중에 식생활을 바꾸면 체내의 에너지가 흐트러져 귀가 울리거나 손바닥에 땀이 나거나 흥분하기 쉽게 되어 선정에 심한 방해가 되기 때문입니다.

또 밤에는 소식(小食)을 하는 것이 좋겠지요. 단식을 할 수 있으면 그보다 좋은 것이 없습니다만, 그것이 불가능하다면 소식으로 합니다. 철야도 권하지 않습니다. 일찍 자고 일찍 일어나는 것이 좋습니다. 명상에 가장 적합한 시간은 새벽입니다.

일어나 있기는 하지만 5감(感)에 관련된 의식이 아직 깨어나지 않는, 즉 반은 자고 있는 상태에서 수행하는 것도 때로는 좋겠지요. 가장 미세한 마음인 광명의 마음을 보다 쉽게 깨달을 수 있기 때문입니다.

무상요가 탄트라 중에는 광명의 마음을 깨닫기 위한 여러 가지의 수단이 자세히 설명되어 있는데, 관정(灌頂)을 받지 않은 상태에서는 그러한 수행을 하는 것은 불가능합니다. 그 중에서도 관심이 깊은 것은 꿈의 요가입니다. 그것을 행하려면 우선 자기가 꿈을 꾸고 있는 것을 자각하고, 그 위에 어느 종류의 수행을 주의 깊게 행하지 않으면 안 됩니다.

꿈의 상태에 있을 때, 우리들의 마음은 이미 보다 미세한 경지에 있으므로 작은 노력으로 마음의 깊은 부분을 활용할 수 있는 것입니다. 거기까지 갈 수 있으면 꿈의 신체를 물리적인 신체와는 별개로 꿈의 신체를 만들어 낼 수 있습니다. 이것은 미세한 신체이며 어디에 가는 것도 자유자재입니다. 무언가에 잡히는 일이 없다면 타인에 의해 목격되는 일도 없습니다.

이 타입의 수행은 밀교에 속하며 주로 미세한 신체와 미세한 마음을 조절하기 위해 행합니다. 노년에 이르러 육체적인 장해 또는 눈이 보이지 않는 수행자라 하더라도 이 수행에 의해 손가락으로 경전의 문자를 읽을 수 있게 됩니다. 이것은 불교이외의 인도의 정신 철학에서 공통으로 볼 수 있는 선정으로부터 생긴 힘인 것입니다.

3절. 만트라 암송

다음으로 만트라를 암송합니다. 통상 우리들은 명상의 교재, 즉 산다나(성취법)를 갖고 있고, 명상을 끝낸 후, 또는 시간이 있다면 만트라를 암송합니다. 부처들의 종자(種子)를 《초심자를 위한 쉬운 밀교 명상법》의 교재에 따라 관상합니다.

석존의 종자는 금색의 「문」, 관음의 종자인 흰 「후-리」, 문수의 종자는 황색의 「디-」, 금강수의 종자는 감청색의 「훔-」, 타라의 종자는 녹색의 「타-무」입니다. 이 종자는 산스크리트문자 로마자 어떤 문자로 관상해도 상관없습니다.

「문」(MUṀ)의 MU는 석가모니의 최초 음이며, 티베트 문자의 MU의 위에 둥근 점을 붙여서 MUṀ이라는 발음이 됩니다. 이 둥근 점은 공(空)을 상징합니다. MU의 문자는 세속적인 리얼리티를 상징하기 때문에, MUṀ는 공과 세속적인 리얼리티의 결합을 의미하게 됩니다.

관음의 종자인 「후리-」는 아미타불의 종자에도 있습니다. 왜냐하면 아미타불은 5부(부처와 보살의 다섯 가지 그룹) 중에서 연화부의 주존이며, 관음은 거기에 속하기 때문입니다. 문수의 종자인 「디-」는 산스크리트어로 지혜를 의미합니다. 문수는 지혜의 부처이므로 이 종자를 사용하는 것입니다.

「훔」은 부처의 마음의 상징인 금강수의 종자입니다. 「훔」은 또 아촉불(阿閦佛)의 종자에도 있습니다. 아촉도 금강수도 5부 중에서는 금강부에 소속되어 있기 때문입니다. 「타-무」(TĀM)은 타-라의 종자입니다. MUṀ의 MU가 석존의 또 다른 이름의 하나이었듯이, TĀM의 TĀ도 타라의 이름의 처음 한 문자에서 유래하고 있습니다. TĀ에 둥근 점이 붙어 TĀṀ이 되는 것입니다.

이들 종자의 색은 부처의 몸의 색과 같습니다. 어떤 종자의 주위에도 각각 부처 만트라가 돌고 있습니다. 우리들은 만트라를 되도록 많이 암송해야 합니다. 『옴 무니 무니 마하무니에 스바하』는 석가모니불의 만트라입니다. 무니란 모니(牟尼)·성자·현자의 의미로 마하무니란 위대한 성자를 말합니다.

옴(OM)은 어원으로 이야기하면 산스크리트어의 AUM 의 3문자로 구성된 음으로, 부처의 그리고 수행자의 신체·언어·마음을 상징합니다. 『옴 마니 빠드메 훔』은 관음의 만트라입니다. 마니란 마니(摩尼)·보주(宝珠)의 의미로써 방편을 상징합니다.

밀교에서 본존의 요가에서 말하는 방편이란, 보리심과 커다란 동정의 마음(對比), 또는 커다란 자비의 마음(大慈)을 의미합니다. 빠드메는 연화와 공성(空性)을 이해한 지혜의 상징입니다. 훔은 방편과 지혜를 구별하기 어려운 것의 상징입니다.

옴은 부처의 정화된 신체·언어·마음과 수행자의 부정한 신체·언어·마음을 상징합니다만, 훔은 수행자의 부정한 신체·언어·마음이 수행에 의해 정화된 신체·언어·마음으로 변용 하는 것을 의미합니다. 이들 세 가지의 부정한 요소는 방편과 지혜의 관련에 의해 청정한 요소로 변용하는 것입니다.

그렇다면 『옴 마니 빠드메 훔』의 만트라의 의미는 무엇일까요. 이것은 극히 잘 알려진 만트라지요(티베트의 수호신은 관음이고 달라이 라마 자신도 관음의 화신으로 인정되고 있으므로, 이 만트라는 티베트에서 가장 많이 사람들의 입에 오르내리는 만트라이다. 언덕이나 절, 성지 등에는 이 만트라를 새긴 돌이 많이 놓여져 있다). 이 만트라는 문자대로 말하면, 『오, 연화와 보주를 가진 자여』라는 의미입니다.

『옴 아라빠짜나 디-흐』는 문수의 만트라 입니다.

아라빠짜나의 산스크리트의 어원은 〈변자재〉를 의미하고, 이 만트라 자체는 〈언어를 자유자재로 구사하는 자〉라는 의미를 갖고 있습니다.

『옴 바즈라빠니 훔』은 금강수의 만트라입니다. 바즈라는 금강, 빠니는 수(手)의 의미로써, 이 만트라 『옴 바즈라빠니 훔』을 문자 그대로 번역하면 「금강저를 손에 가진 자」라는 의미가 되고, 금강수는 티베트 이름도 같은 의미를 갖고 있습니다. 법구인 금강저와 금강령(鈴)의 양쪽이 갖추어져 있다면, 금강저가 방편을, 금강령이 지혜를 상징합니다만 금강저만 있는 경우는 그것만으로 방편과 지혜의 결합을 상징하는 것입니다.

『옴·따레 뜻따레 뚜레 스바하』는 타라의 만트라입니다. 티베트어로 타라는 다르마, 구제모(救濟母)의 의미입니다. 뜻따레는 보다 강렬한 구제의 의지를 나타냅니다. 또 티베트인은 스바하를 안정시키는, 기반을 부여하는 의미로 해석하고 있습니다.

만트라(mantra)의 어간 mana는 마음, tra는 수호를 의미합니다. 그러므로 만트라는 마음의 수호를 의미하는 것입니다. 밀교의 문맥에서는 만트라는 일상생활의 현상이나 파악으로부터 마음을 지키는 것입니다.

본존의 요가에서는 스스로를 본존으로서 관상합니다. 그때 눈이나 귀로 일상 세계의 현상을 감지하고 있더라도 마음의 의식 차원에서는 거기에 얽매이지 않고, 오로지 자기를 존경하는 본존으로서 관상합니다.

본존의 요가를 행할 때에는 일상의 감정이나 일상세계의 현상으로부터 마음을 수호해야만 합니다. 그것이 만트라라는 언어의 의미입니다.

불교에서는 세간적인 만트라, 출세간(윤회세계로부터 해탈한)의 만트라, 진수의 만트라, 진수(眞髓)와 같은 만트라 등 4종류의 만트라가 있습니다. 그 음은 머리글자에 옴이 있는 것과 없는 것, 말미에 스바하가 있는 것과 없는 것 등 여러 가지입니다. 우리들이 주로 암송하는 것은 석가모니불의 만트라『옴 무니·무니·마하무니에·스바하』입니다.

석가모니불을 스승으로 간주한다면 그것을 둘러싼 사존(四尊)은 부처가 특별한 의도를 갖고 변화한 모습으로써 파악하는 것이 좋겠지요. 예를 들면 좋은 마음을, 배려의 마음을 기르고 싶다면, 부처의 자비의 화신인 관음의 만트라『옴 마니 빠드메 훔』을 암송하는 것이 좋습니다.

누군가 죽었을 때 이 만트라를 추선공양(追善供養)을 위해 외우는 일이 있습니다. 우리 어머니가 돌아가셨을 때도 나와 나의 형제자매를 포함한 많은 사람들이 이 만트라를 수 만 번 외웠습니다. 이것은 수행으로 말하면 방편의 국면을 갖는 것에 도움이 됩니다.

문수의 만트라『옴·아라빠짜나 디-흐』는 지성이나 마음의 예민함을 증가시키는 효과가 있으므로 학생에게 도움이 됩니다. 때로는 문수의 종자「디」를 쉬지 않고 수백 번 외웁니다. 처음에 숨을 될 수 있는 대로 들이키고「디, 디, 디,……」하고 계속 외우는 것입니다. 이것은 기억력을 증가시키는데 도움이 됩니다.

금강수의 만트라 『옴·바즈라빠니 훔』은 눈에 보이지 않는 방해를 퇴치하는데 도움이 됩니다. 미신은 좋은 것이 아닙니다만 명확한 이유도 없는데 점점 방해가 된다면, 눈에 보이지 않는 방해가 작용하고 있을 가능성도 있습니다.

이 만트라에는 그러한 것을 물리치는 효과가 있습니다. 타라의 만트라 『옴·따레 뜻따레 뚜레 스바하』는 장수나 질병치유나 장사의 번성을 기원할 때 외우는 만트라입니다. 물론 만트라를 외우는 기본적인 목적은 깨달음을 얻는 것, 그것도 다른 살아 있는 것을 구제하기 위함입니다. 그러나 만트라를 외우는 것으로 장수나 성공, 지혜를 증가시킨다는 세속적인 목적이 달성되는 일도 있는 것입니다.

만트라는 또 증익(增益)·식재(息災)·조복(調伏)·경애(敬愛)라는 행위를 달성할 때도 사용됩니다. 만트라의 에너지를 제어하기 위해 수행자는 우선 보리심과 공성을 바르게 이해해 둘 필요가 있습니다.

4절. 공성(空性)의 명상

　보리심의 명상과 의식을 한 점에 집중하는 수행이 잘 되면, 모든 사물은 항상 불변의 실체를 빠트리고 있는, 즉 공인 것을 깨닫기 위해 공성을 명상합니다. 공성의 명상이라 말해도 반드시 대상의 현상(여기서는 관상하고 있던 것)을 모두 지울 필요는 없습니다. 그러나 이번에는 밀교의 수행으로서 공성의 명상이므로 관상하고 있던 것을 지우는 편이 좋겠지요.
　여기에는 모든 현상을 지우고서 공성을 명상하는 공성을 명상하고 나서 모든 현상을 지운다는 두 가지 방법이 있습니다. 실제로 공성을 명상한다는 것은 어떤 것인지, 매우 간단히 설명하겠습니다. 여기에서는 무엇이 부정되어야 할 존재인가를 인식하는 것이 매우 중요합니다. 불교의 대종파(大宗派)는 사법인(四法印: 만유의 진리를 나타내는 네 가지 요점)을 받아들입니다.

사법이란

(1) 만물은 항상 변전(變轉)해 옮겨간다〔諸行無常〕
(2) 모든 것은 고통이다〔一切皆苦〕

(3) 모든 것은 인연에 의해 생기는 것으로 실체를 빠트리고 있다〔諸法無我〕
  (4) 열반의 경지는 평안하다〔涅槃寂靜〕

　제법무아(諸法無我)의 무아란 인무아(人無我), 사람이라는 개인존재는 항상 불변하여 다른 것에 의존하는 일이 없는 독립된 실체를 빠트리고 있는 것입니다. 인무아(人無我)뿐만 아니라 법무아(法無我: 사물은 항상 불변의 실체를 빠트리고 있다)라고도 말한 것이 대승불교의 유식파나 중관파입니다.
　유식파는《해심밀경(解深密經)》(유식파의 고전으로서는 가장 오래된 A.D.300년 무렵에 성립)에 기초를 두고, 두 종류의 존재의 상태를 주장합니다. 사물은 언어가 의미하고 있는 대로의 실체를 가지고 있지 않는 것, 의식의 외계(外界)에 사물은 존재하지 않고, 모든 것은 마음의 투영에 지나지 않는 것입니다.
　중관파는 유식파와 다른 공성의 파악 방법을 취하고 있습니다. 유식파는 외적 대상의 존재를 부정하지만, 주체로서의 마음은 진짜 존재한다고 믿는 것입니다.
　중관파의 관점에서 보면 유식파는 허무론과 항상론이라는 두 가지의 극단적인 견해로 파악되고 있습니다. 의식이란 다른 세계에 존재하고 있는 것은 아니라고 말할 때는 허무론에 빠지고 주체로서의 의식은 실체를 갖고 있다고 말 할 때에는 항상론에 빠지고 있는 것입니다.
　그러나 중관파는 인식의 주체로서의 의식도, 그 대상인 외계의 사상(事象)도 항상 불변의 독립된 실체를 갖고 있지 않고, 세속적인 의미로써 존재하고 있음에 불과하다고 말합니다. 중관파도 중관자립논증파(中觀自

立論証派)와 중관귀류논증파(中觀歸謬論証派)의 두 파로 나뉩니다.

외계의 사상은 분석해도 참 본질을 발견할 수 없다는 의미로써 항상 불변의 독립된 실체를 빠트리고 있지만 그래도 세속적으로는 사물 그 자체를 성립하고 있는 무언가가 존재한다고 주장하는 것이 중관자립논증파입니다.

「나」를 예를 들어보면, 그것에 대해서 중관자립논증파는 외계(外界)의 사물은 분석해도 참인 본질을 발견할 수 없다는 의미로써 항상 불변의 독립된 실체를 빠트리고 있고, 세속적으로도 그것을 성립시키고 있는 것을 발견할 수 없다고 합니다.

중관귀류논증파쪽이 보다 더 모순이 적기 때문에 보다 높은 견해라고 생각됩니다. 그 외의 학파, 경량부나 설일체유부 등의 교리를 분석해 보면 더욱 많은 논리적 모순이 있음을 알 수 있습니다.

중관파는 공성을 설함에 있어서 몇 가지의 논법을 사용하였습니다. 그 하나가 「금강절편(金鋼切片)의 논법」이라 불리는 것인데, 만들어진 것으로 거슬러 올라가 그 원인을 분석해 가는 것입니다.

또 사물을 원인과 결과라는 견지에서 분석하고, 4가지의 가능성을 찾는 논법이나 「논법의 왕」으로서 알려진 연기의 관점에 선 논법도 있습니다. 사물 그 자체를 분석하여 「일(一)」과 「다(多)」의 부재(不在)를 관하는 논법도 있고, 그 가운데에서도 더욱더 논법이 세분화되고 있습니다. 그러면 「일」과 「다」의 부재를 관하는 논법에 기초한 공성의 명상에 대하여 간단하게 설명하겠습니다.

공성의 명상을 하려면, 우선 명상의 대상인 공성을 부정해야 할, 배제해야할 대상에 관해 이해하지 않으면 안 됩니다. 부정해야할 대상이 인식되지 않고서는 그 부재를 이미지로 할 수 없기 때문입니다.

　부정해야할 대상으로서「나」혹은「아」를 예로써 생각해 보는 것이 가장 간단하겠죠.「나는 먹는다」,「나는 간다」,「나는 멈춘다」라는 극히 자연스런 감정이 생겼을 때, 이「나」가 되는 것은 자기의 마음이 어떤 형태로 나타나는가? 의식을 집중시켜 생각하십시오.

　다음에 이전 누군가로부터 비난받았던 것처럼 불쾌한 상황이나 타인으로부터 칭찬을 받는 것처럼, 기분 좋은 상황을 만났을 때를 생각해 보십시오. 그러한 체험을 하고 있을 때의 당신의 마음은 상당히 변하기 쉽고, 그래도「나」가 되는 것은 상당히 선명하게 떠오르고 있습니다.

　이「나」가 되는 것이 당신의 마음에 떠올랐을 때 마치 당신의 심신과는 별개의 독립된 실체와 같이 보이지 않습니까? 생생하고 선명하게 떠오르고 손가락으로 가리킬 정도의「나」, 심신과 별도의 실체처럼 보이는「나」야 말로 심한 착오의 산물, 부정해야할 대상인 것입니다. 그것이 최초의 요점, 부정해야 할 대상의 인식입니다.

　두 번째의 요점은 독립된 실체의「나」가 심신과는 전혀 별개의 것인가, 아니면 심신과 함께 있는 것인가, 그렇지 않으면 그것 이외의 제3의 모습을 하고 있는가 하는 것입니다. 그래서 당신은 그것 이외의 가능성이 있는지 어떤지를 찾는 것입니다만, 독립된 실체로서의「나」가 정말 존재하는 것이라면, 심신을 구성하는 5가지 모임(오온)과 함께 있는지, 그렇지 않으면 따로 존재하는가 하는 것으로 그것 이외의 존재 모습은 없다는 결론에 달합니다.

　그렇다면「나」는 오온과 함께 있는 것인가, 그렇지 않으면 따로 존재하는 것일까요? 거기에 대해 생각을 해보십시오.「나」가 오온과 함께 있다면 「나」가 하나인 것처럼, 심신의 5가지의 구성요소로 된 오온도 하나일 필요가 있습니다. 왜냐하면 오온은 「나」와 동일한 것이기 때문입니다. 혹은 오온이 복수(5가지)인 것처럼 「나」도 복수로 있는 것이 되어 버립니다.

또 독립된 다른 것에 의존하는 일도 없는 「아」와 「나」가 오온과 동떨어진 것이라면, 오온이 멸한 후에도 「아」와 「나」를 잘 볼 수 있을 것입니다만, 그런 일은 없습니다.

이와 같이 논증을 계속 이어가고 있는 동안, 지금까지 당신 마음에 나타나 있던 확고한 「아」와 「나」가 잘못된 개념에 불과한, 당신 마음의 투영에 지나지 않음이 이해되게 됩니다. 아무것도 의존하는 것 없는 독립된 「아」와 「나」따위는 존재하지 않는 것입니다.

예를 들면, 새벽이나 황혼 무렵 같은 아직 조금은 어두워 길에 버려진 밧줄을 뱀으로 잘못보고 부들부들 떨었다고 합시다. 뱀의 이미지는 그 사람 마음속에 있을 뿐이고 대상의(여기에서 말하는 밧줄의 어떤 부분에도 뱀은 정말 존재하지 않는 것입니다.)

오온에 대해서도 마찬가지라 할 수 있습니다.

오온 중에서 「나」와 「아」가 나타난 것처럼 보여도, 오온 속에서 「나」와 「아」를 탐구해 보면, 어떤 관련된 부분도 발견할 수 없는 것입니다. 마치 뱀이 진짜 존재하고 있지 않음에도 불구하고 잘못된 의식의 투영으로 뱀으로 잘못 파악한 것처럼.

그와 마찬가지로 오온이란 별도로 「나」와 「아」가 나타나 있다고 인식되는 경우에도 오온으로 보면, 그러한 「나」와 「아」는 진짜의 존재를 빠트리고 있습니다. 「나」와 「아」란 오온 위에 임시적으로 명명되어 존재하는 것에 불과합니다.

　몸을 감고 있는 밧줄을 뱀으로 명명하는 것은 무언가의 문제를 가져오겠지요. 그러나 객관적인 사실이 없는데도 불구하고 오온에 대해 「나」와 「아」를 명명하는 것은, 세상에서 승인되고 있는 임시의 진리에 부합하는 것입니다.

　그러므로 「나」나 「아」가 전혀 존재하지 않는다고 부정하는 것은 자기의 경험에 모순 됩니다. 결국 「나」와 「아」는 그런 이름이 붙은 주관적 의식에 의해서만 정당화되고, 인식되는 것입니다. 이러한 이유에서 여러 사물은 단순히 이름뿐인 존재이며 객관적 사실을 빠트리고 있다고 할 수 있는 것입니다.

| 질 | 의 | 응 | 답 |

Q.

호흡에 의식을 집중하는 타입이 명상에서는 몸의 본질이 변하고, 몸이 용해되기 시작하고, 모든 것이 유동적임을 깨닫기에 이릅니다. 이것을 티베트 밀교에서 말하는 「관(觀)」과 어떻게 짜 맞추어지면 좋을까요?

A.

「관」에도 세속적인 사물에 의식을 집중시키는 것과, 공성 그 자체에 의식을 집중시키는 것 두 종류가 있습니다. 의식을 호흡에 집중시키는 명상법은 전자에 속합니다. 또 관상 가운데서 스스로 안에서 부처를 만들어내고 그것을 다시 자기 안에서 융합되게 하는 「관」도 있습니다.

욕계의 단점과 색계나 무색계의 장점을 비교해서 관하는 일반적인 수행도 있습니다. 이것은 우리들이 수행을 시작할 때, 바른 마음가짐을 갖기 위해 행하는 「관」입니다. 예를 들면, 윤회세계의 고통을 명상할 때에는 사념처(四念處) – (1) 신체의 부정함, 변하기 쉬움 (2) 감수작용[愛]의 고통 (3) 마음의 무상 (4) 모든 사물은 무아임을 관상합니다. 사념처(四念處)를 행하고서 호흡에 의식을 집중시킵니다. 실제 호흡에 의식을 집중시키는 수행은 어떠한 수행과 함께 해도 좋습니다.

인도인의 스승 아상가는 미세한 마음의 경지를 얻기 위해 「관」을 행한다고 했습니다. 「지」 즉 마음을 평안하게 유지하는 수행은, 마음을 흔들림 없이 어느 한 점에 집중시키고 거기에 몰입함으로서 달성됩니다. 「지」가 경쾌하고 미세한 마음의 상태로 달성되면 논리를 쫓아 공성을 터득해 갑니다. 이른바 「관」이란 그런 것입니다.

|질|의|응|답|

Q.
아까 달라이 라마 법왕은 만트라와 그것이 갖는 효능에 대해 - 어떤 것은 생각을 깊게 하고 어떤 것은 정신 집중에 도움이 된다고 하셨습니다. 그러나 단순한 소리의 연결이 그러한 효과를 올릴 수 있을까요?

A.

만트라를 암송할 때는, 그 의미를 두루 생각 해볼 필요가 있습니다. 만트라의 소리보다 그 의미 쪽에 의미가 깊은 것이 있기 때문입니다. 만트라를 암송하면 왜 효과가 있는 것일까? 설명하기 어려운 점입니다. 제가 생각하기에 만트라를 바르게 외우면 좋은 에너지의 힘을, 공덕을 증가시킵니다.

또 만트라에 의해서는 무언가의 가지(加持: 축복)가 어려 있습니다. 만트라는 부처의 어떤 종류의 고차원적인 존재로부터 전수된 것이고, 세월 속에서 많은 사람들이 불경을 외우고 행해온 것입니다. 성지(聖地)란 성스런 존재에게 축복을 주는 장소이며 거기에 참례하는 사람이나 수행하는 사람에게 축복을 주어 왔습니다.

만트라에 대해서도 마찬가지가 아닐까요? 미세한 에너지, 룬(風, 풍)과 맥관(脈管), 정적(精滴)을 행하는 무상요가 탄트라에서는 만트라가 빠트려지지 않고 만트라를 외우는 것으로 커다란 효과를 가져 올 수 있습니다. 그러나 이번 수행은 초보자를 위한 것이므로 거기까지의 의미는 갖고 있지 않습니다.

| 질 | 의 | 응 | 답 |

Q.
열반에 대해 가르쳐 주십시오.

A.
최종적으로 깨달음을 얻은 후에는, 모든 사물에 대한 태도가 완전히 다릅니다. 지금 현재, 우리들의 마음은 탐욕과 분노, 공포로 지배되고 있습니다. 나쁜 생각이나 정념에 홀려 번뇌의 색안경으로, 인식이 왜곡되어 있으므로 있는 그대로의 현실을 볼 수 없습니다.

우리들의 마음에 자리 잡고 있는 것은 아집이므로, 모든 것은 스스로의 힘으로 성립되어 있는 것처럼 의식 속에 나타납니다. 우리들의 왜곡된 의식의 투영을 받아 실로 강력하고 확고하게 나타나는 것입니다. 열반에 달하면 마음의 비뚤어짐이나 나쁜 경향은 모두 정화됩니다. 그 결과 모든 사물에 대한 태도가 변해 버리는 것입니다.

Q.
열반에 들어가도 여전히 여러 가지의 사물에 반응하는 것인가요?

A.
이것은 좋다 나쁘다는 감각이 있는 한 선과 악, 긍정적인 요소와 부정적인 요소의 구별이 생깁니다. 「깨달음」에도 여러 단계가 있고, 그 정점은 부처의 경지입니다. 부처의 경지에 이르려면 사물에 항상 불변의, 독립된 실체가 있

|질|의|응|답|

다라고 하는 거짓의 현상도, 마음에서 발생하지 않아야 됩니다.

그러한 경지에 이를 수 있다는 것을 우리들은 알고 있습니다. 어른이 된 우리들의 마음은 어린아이 시절과 비교하면 이해력에 있어서도 지적능력에 있어서도 큰 성장을 이루었고, 마음의 상태 그 자체도 변했습니다.

어린아이가 어른으로 성장해 갈 때의 변화모습을 보면, 공성의 명상을 오랫동안 계속함으로써 우리들의 마음이 변화되고 세계에 대한 인식도 변해갈 가능성이 있다고 이해할 수 있을 것입니다. 정진하면 할수록 시간이 걸리면 걸릴수록 깨달음의 체험이 점점 증가해 감을 의심하지 않습니다.

1960년대 후반인가 70년대 인가 집중적으로 공성을 수행하던 나는 총카파(현교와 밀교를 통합하여 하나로 정리한 켈크파의 始祖. 저서로는 도리도차제광(菩提道次第廣), 밀종도차제광론(密宗道次第廣論) 등. 1357~1419)의 다음과 같은 가르침을 만났습니다.

『심신의 5가지 구성요소의 모임(오온)은 「아」가 아니며, 그 연속성도 「아」가 아니다」, 또 「사물의 진수를 분석하여 탐구해 보아도 그것을 발견할 수는 없다.」라는 것입니다.

이 문장을 읽었을 때, 나는 정말 깜짝 놀랐습니다. 사실 이것은 나가르주나가 말한 가르침의 정수(精髓)의 해설이었습니다.

「인간」은 흙의 원소가 아니며
불의 원소도, 물의 원소도, 바람의 원소도 아니다.
동시에 그들과는 별도의 「인간」도 없다

| 질 | 의 | 응 | 답 |

이 한순간에 섬광처럼 나는 어떤 깨달음을 얻었습니다. 그러고 나서 며칠, 내 안에 하나의 변화가 일어났는데 사물에 대한 다른 감정, 다른 태도가 생긴 것을 느낀 것입니다.

Q.

정식적인 수행이 없이도 내적인 영적 체험을 얻을 가능성은 있습니까? 예를 들면 영 허즈번드[19]는 분명히 티베트의 수도 라사에서 깊은 영적 체험을 얻고 갔습니다. 그때 그는 40세 정도로 영국군에서도 장래를 촉망받던 장교 중의 한사람이었습니다. 그럼에도 불구하고 그는 티베트로부터의 귀환 후 군대를 그만두고, 영성계발협회의 조직을 설립하고 남은 인생을 거기에 바친 것입니다. 당신이 말했듯이 단계를 밟아 수행을 하지 않더라도 자기 세계관이 무너질 것 같은 충격을 받거나 무언가의 내적 동기로 인해 강렬한 명상에 대한 충동이 일어나는 일도 있지 않을까요?

A.

그럴 가능성도 있습니다. 그러나 불교적으로 해석하면, 그러한 가능성은 개인의 노력이나 능력, 주위의 환경으로부터 생겨나는 것은 아닙니다. 사건

---

[19] 프란시스 에드워드 영허즈번드(1863 ~ 1942) 영국군인 탐험가. 중앙아시아를 폭넓게 탐험하고 1903~4년에는 군사 사절단을 거느리고 쇄국을 계속하던 티베트에 진군, 교역시장의 허가 등의 조약체결을 강권했다. 퇴역 후에는 신비학 이상주의에 기울고, 전세계의 종교를 통일하는 운동을 시작했다.

뒤에는 무언가의 힘이 작용하고 있는 것입니다. 모든 준비가 이루어져 그렇다할 기회를 엿보고, 기회가 오면 밖으로 나오는 것입니다.

Q.
탄트라(밀교)란 무엇인가요. 이 가르침은 석존의 시대부터 존재한 것인지, 그렇지 않으면 후에 나온 것일까요?

A.
대승불교의 교의전체가 석존의 직접적인 가르침은 아니라는 견해가 있습니다. 또 밀교도 석존의 입멸 후, 상당한 시간이 지나고서 생긴 것으로 보는 것이 일반적인 통념입니다. 그러나 대승불교가 석존의 진실한 가르침이 아니라면, 대승불교의 가르침의 진수인 보리(깨달음의 지혜)도 의심스런 것이 되고 맙니다. 그러므로 대승불교가 석존의 진실한 가르침임을 결론짓지 않을 수 없습니다.

석존은 대승불교의 가르침을 일반대중이 아닌, 선택된 청중에게만 가르치고 그 가르침은 한동안 비밀로 되어 있었습니다. 밀교의 가르침은 대승불교의 가르침보다 더욱 비밀로 한 것입니다. 이와 같은 다른 수준의 가르침이 공공의 것이 되는지 어떤지는, 불교 문화의 보편적인 발달과 깨달음을 얻은 수행자의 출현에 의존하고 있습니다.

대승불교나 밀교의 출현을 석존이 살아있는 동안으로 한정지을 필요는 없습니다. 대승불교에서는 석존은 입멸 후에도 여전히 살아있다고 생각하는 것

|질|의|응|답|

이 보통이기 때문입니다. 석존은 티베트에 발을 들여놓은 일이 없었지만, 깊은 명상 속에서 석존과 만나고 직접 가르침을 받은 티베트인 수행자는 수 없이 많습니다.

석존은 여러 가지 차원의 가르침을 말씀하시므로, 여러 가지의 모습으로 제자들 앞에 나타나셨습니다. 소승불교를 말할 때는 비구의 모습으로, 밀교를 말할 때는 바쥬라다라(持金剛: 진리의 불멸의 본성을 구현화한 본초불(本初佛))의 모습으로, 또 여러 가지 만다라의 불(佛)의 모습으로 나타나는 일도 있습니다.

Q.

중관철학이 말하는 공성에 관해 질문하겠습니다. 「관」을 행하지 않고 공성을 얻을 수 있습니까?

A.

공성을 깨닫는 지혜를 가지려면 지관(止觀)의 수행이 필수조건은 아닙니다. 지관의 수행이 상당히 도움이 되는 것은 확실하지만, 이것이 유일한 방법은 아닙니다. 공성을 이해하는 최초의 단계는, 공 그 자체를 지금 보려는, 논리의 과정을 의존하지 않으면 안 됩니다.

그러나 앞에서 말했듯이 공식화된 논리의 줄기를 더듬어 찾을 필요는 없습니다. 스스로에게 묻고 추론하면 됩니다. 그러면 후에 개념적 사고를 사이에 끼지 않고, 사물의 참 모습을 파악할 수 있게 되겠지요.

|질|의|응|답|

Q.
　지금의 대답에 관해 질문하고 싶은 것이 있습니다.「무아(無我)」가 되는 것은 객관적으로 존재하지만, 물질적 존재와 진리의 정도는 주관적인 것이라고 달라이 라마 법왕은 주장하고 계십니다. 그렇다면 무아를 체험할 수 있는 주체가 있는 것은 무언가 모순 되고 있는 것처럼 느껴집니다만.

A.
　무아란 여러 가지의 사물에 항상 불변의 독립된 실체가 없는 것입니다. 그 관점에서 이야기하면 주체도 객체도 없습니다. 인식되는 대상도, 대상을 인식하는 주체, 즉 마음도 아무리 실체를 찾아보아도 발견할 수는 없습니다. 마음을 관찰하는 의식에 있어서 마음도, 또한 대상(객체)입니다.
　이러한 상대적인 문맥에 있어서는 마음도 또한 대상이 되는 것입니다. 이 시점에서 대상이 되고 있는 마음을 발견하더라도 마찬가지로 발견할 수는 없습니다. 즉 실체를 빠트리고 있는 무아(無我)인 것입니다.
　세속적인 차원에서는 우리들은 눈에 비치는 세계를 그대로 받아들입니다. 상세히 분석해 보는 일없이 이것은 꽃이다, 이것은 인간이다. 이것은 티베트인이었다라고 받아들여지고 있습니다. 세속적인 차원의 현상을 받아 들여도 아무런 문제는 없습니다. 그러나 한 번「나란 무엇일까? 인간이란 무엇일까? 아(我)란 무엇일까?」하고 묻고, 그 실체를 발견하려해도 발견할 수는 없습니다.
　나의 이 손가락을 예로써 분석해 봅시다.「이것은 사람의 손가락이다, 이것은 상당히 편리한 것이다.」라는 것은 간단하고, 이 차원에서는 누구도 의논하려고 생각지 않겠지요. 나는 이 손가락의 형태나 색을 볼 수 있습니다. 그렇

| 질 | 의 | 응 | 답 |

다면 「손가락」이란 무엇일까요.

손가락이란 피부나 뼈, 혈액으로 만들어졌습니다. 이들이 색과 형태가 손가락인 것일까요. 그렇지 않습니다. 피부나 뼈, 혈액 속에서 「손가락」을 찾으려 해도 손가락은 찾을 수 없습니다. 세포나 분자의 차원까지 내려가도 손가락이 되는 것의 실체는 발견할 수는 없습니다. 불교의 한 종파인 유식파는 마음에 나타나는 대로의 외계(外界)는 존재하지 않고, 그것은 마음과 일체의 것임을 주장합니다.

Q.
그렇다면 마음은 어떤 것일까요?

A.
마음이란 무엇일까요? 우리들은 마음을 느낄 수 있습니다. 마음이라 불리고 있는 것을 인식할 수 있습니다. 우리들은 마음이란 무엇인지 의식이란 무엇인지를 분석하지 않고 「오늘 내 마음은 무겁다」, 「오늘 내 마음은 밝다」라고 합니다. 여기서 마음이란 무엇인지 분석하여 찾아보면, 그 실체는 발견할 수 없습니다. 다른 사물과 마찬가지로 실체를 빠트리고 있는 즉 무아인 것입니다.

|질|의|응|답|

Q.
꿈의 신체와 유체이탈(幽體離脫)의 가능성에 대해 가르쳐 주십시오.

A.
티베트 불교에서 말하는 꿈의 의식이나 꿈의 신체는 보통 것과는 전혀 다른 체험입니다. 꿈의 신체는 거친 물리적 육체로부터 독립된 존재이며, 전혀 다른 국면에서 작용합니다. 꿈과 신체는 하루하루의 현실을 볼 수 있습니다. 낮에는 낮의, 밤에는 밤의 현실을 볼 수 있는 것입니다.

Q.
예지몽(豫知夢)에 대해서는 어떻게 생각합니까?

A.
꿈의 신체를 얻는 사람에게 있어 예지몽은 진기(珍奇)하지 않습니다. 특수한 꿈의 신체를 얻은 사람은 스스로의 의지로써 육체로부터 이탈할 수 있습니다. 그러나 이것은 극히 특이한 케이스입니다.

수년 전 나는 이런 타입의 힘을 갖고 있는 사람을 몇 번인가 만난 적이 있습니다. 이것은 금생의 수행결과가 아닌 과거생의 업의 결과였습니다. 이 사람은 매우 불쾌감을 맞보고 어떻게 하면 좋을지 나에게 물었습니다. 수면 중 그는 모든 장소를 방황하듯이 현실세계의 사람들과 사건을 목격하고 있었던 것입니다. 그 속에는 매우 먼 장소에서 일어나는 사건도 있었습니다.

| 질 | 의 | 응 | 답 |

Q.
타라가 수명 장수와 관련된 것은 무엇 때문입니까?

A.
관음이 자비의, 문수가 지혜의 화신이듯이 타라도 체내의 미세한 에너지 즉 룬(風, 풍)의 화신으로 볼 수 있습니다. 사람이 장수하기 위해서는 이 미세한 에너지의 흐름이 중요합니다. 나 개인의 의견으로서도 미세한 에너지에 의식을 집중시키는 것과 장수하는 것은 관련이 있다고 생각합니다.

또 타-라의 수행이 질병을 극복하는데, 도움이 된다고 한 것은 아까 말한 5불과의 관계에서입니다. 그렇지만 일반적으로 치유의 명상법으로써 특히 뛰어난 것은 약사여래(藥師如來)의 명상법입니다. 약사여래는 치유의 부처입니다.

타라의 명상을 할 때에는 타라의 가슴에 만트라가 많은 구슬처럼 연결되어 들고 있다고 관상합니다. 이 만트라의 연결에서 빛이 나오고, 당신의 신체에 녹아들어 갑니다. 여기에서 병이 있는 장소에 특히 의식을 집중시킵니다. 병의 종류에 의해 따뜻하고 혹은 차가운 빛을 관상하면 좋겠지요.

Q.
타라나 관음 등의 보살들은 부처의 여러 가지 면을 상징하고 있는 것입니까?

|질|의|응|답|

A.

여기에는 두 가지 해석이 가능합니다. 하나는 부처의 여러 가지 덕성의 상징, 다른 하나는 우리들을 깨달음으로 이끄는 방편의, 혹은 우리들이 유지해 가야 할 깨달음의 상징, 우리들이 깨달음을 펼친 그 날에는 그 부처가 되는 것입니다.

Q.

진언(만트라: 주문)의 의미는 마음을 수호하는데 있고, 본질적으로 창조적이며 긍정적인 것이라고 법왕은 말씀하셨습니다. 그러나 나쁜 의도를 가지고 진언을 사용하여 타인에게 해를 가하려는 사람도 있다고 들었습니다. 그러한 것이 가능할까요?

A.

그 가능성은 있습니다. 밀교에서는 식재(息災: 천연의 재해나 전쟁, 기아, 질병 등 여러 가지 재난을 진압한다.) 증익(增益: 복덕, 번영, 성취의 기원), 조복(調伏: 나쁜 것을 굴복시킴), 경애(敬愛: 두 사람을 화합시키는 것)의 4가지의 신비적인 업이 있고, 악용될 가능성이 없는 것은 아닙니다.

수행자라 하더라도 여러 가지입니다. 깊은 선정능력을 갖지 못한 사람, 보리심이 결여된 사람, 공성의 이해가 뒤떨어진 사람, 모두 부족한 사람 등 여러 가지 종류의 사람이 있습니다. 타락한 소수의 사람이, 어떤 종류의 힘을 사용하여 위해(危害)가 되는 일이 있을 수 없다는 이야기는 아닙니다.

|질|의|응|답|

Q.
만트라를 악용하면, 만트라 그 자체의 의미나 상징을 잃어버리는 듯한 기분이 듭니까?

A.
그러한 형태로써 이용된 만트라는 마음을 수호한다는 역할을 다 하지 못합니다. 만트라에도 여러 가지 종류가 있습니다. 바쥴라다라(持金剛)에 의해 설명되고 밀교의 텍스트에 기록된 만트라가 있다면, 윤회 가운데 지금도 머물고 있는 신들로부터 인간에게 전수된 만트라도 있습니다.

일반적으로 불교에 속하는 만트라와 불교에 속하지 않는 만트라를 구별하는 것은 어렵다고 합니다. 살아있는 모든 것을 위해 깨달음을 바라는 마음(보리심)이나 이타심, 공성을 이해한 지혜를 동반하면 불교의 만트라로 분류합니다. 그러나 만트라 그 자체로부터의 구별은 어렵습니다.

그 만트라가 말하는 교의상의 문맥으로 판단하는 수밖에 없지요. 일반적으로 무아론에 기초한 신들이나 만다라, 만트라는 불교에, 유아론(有我論: 인간의 자아 속에, 항상적인 실체가 있다고 한다)에 기초한 신들이나 만다라와 만트라는 불교 이외의 인도 철학에 근원을 갖고 있습니다.

Q.
중관파에서는 공성론을 말하는데, 「아무것도 존재하지 않는다면, 노력을

| 질 | 의 | 응 | 답 |

해도 소용없다.」고 생각할 위험이 있지는 않을까요?

A.

앞에서 말했듯이 존재에도 두 가지, 세상일반의 통념의 존재와 궁극의 존재가 있습니다. 여기에서 연기를 예로써 설명하면, 대답으로 비교가 될 것이라고 생각합니다. 일반적으로 연기란 무언가에 의해 일어나는 것, 즉 어떤 종류의 의존성을 의미합니다. 그것을 이해하기 위해, 우선 의존성과 비의존성(자립성)은 서로 대립하는 개념이고, 그 중간은 없다는 것을 이해해야만 합니다.

모든 것은 의존성 혹은 비의존성이며, 그렇지 않은 것은 존재하지 않습니다. 「꽃」과 「꽃이 아닌 것」을 예로 들어 봅시다. 의존성과 비의존성과 마찬가지로, 이 두 가지는 서로 대립하는 개념으로, 모든 존재는 「꽃」과 「꽃이 아닌 것」의 어느 쪽이며, 그 이외 것은 존재하지 않습니다. 그러나 「꽃」과 「테이블」에서 서로 상대를 배제하는 것, 그 어느 쪽도 아닌 것이 존재하는 것입니다.

그러면 무언가의 원인으로부터 생겨난 것은 당연하지만 원인과 조건에 의존하여 존재하고 있습니다. 또 전체는 여러 가지 부분에 의존하여 존재하고, 사물에는 상·하, 좌·우, 전·후라는 면(面)이 부분 부분이 있을 것입니다. 부분을 갖지 않는 존재가 있는지 어떤지 생각해 봅시다.

물리적으로 이 이상 작게 될 수 없는 미립자의 차원까지 내려가 봅니다. 이러한 미립자조차도 상·하, 좌·우, 전·후라는 면을 갖고 있는, 즉 면이라는 부분이 있는 것입니다. 이번에는 면을 갖지 않은(공간적인 면적을 갖지 않는) 미립자가 있을 수 있을까 어떨지를 생각해 봅시다.

면을 갖지 않는 즉 공간적인 면적을 갖지 않는 미립자의 집합체가 하나의

|질|의|응|답|

전체를 만들 수 있을까요? 미립자에 상하·좌우·전후라는 면이 없다면, 서쪽을 향하면 동시에 동쪽을 향하고 있는 것이 어렵습니다. 이렇게 보면 면을 갖지 않은(공간적인 면적이 없는) 부분에서 물질적인 것이 구성되는 일은 있을 수 없다는 것을 알 수 있습니다.

의식은 비물질적인 것입니다만, 이것도 순간순간 생겨서 멸하는 의식으로부터 성립되고 있는 것입니다. 중관파에서는 부분에 의해 구성되고 있는 것을 완전히 부정하고, 모든 것은 각각의 부분에 의존하여 존재한다고 주장합니다.

다른 타입의 의존성(연기)도 있습니다. 아무리 분석해도 사물의 진수를 발견할 수 없는 것이 그것입니다. 이것은 여러 가지 사상(事象)이 공이라는 성질의 의존하에 성립하고 있기 때문입니다. 사물이 세속적인(세상에서 일반적으로 승인된) 현상에 만족하고 있다면, 그다지 문제는 없습니다.

그런데 막상 그 진수를, 항상 불변하여 독립된 실체를 탐구해 보아도 발견할 수는 없는 것입니다. 발견할 수 없다고 깨달았을 때, 다음으로 살아있는 것이, 그렇다면 모든 사상은 전혀 존재하고 있지 않은가 하는 의문입니다. 그러나 그렇게 결론지어서는 스스로의 감각을 배반하는 것이 되고 맙니다. 여러 사물의 진수는 발견할 수 없었지만, 궁극적으로는 발견할 수 있다는 것을 발견한 사람은 있을 것이므로, 그것은 여러 사상이 전혀 존재하지 않는다는 주장을 부정합니다.

여러 가지 사상은 분명히 존재하는 것입니다. 그러나 분석해 보면 그 자체를 발견할 수 없는 단순히 개념적인 의식에 의해 명명되어 짐으로서 존재하는 것에 불과하다는 것입니다. 이렇게 여러 사상은 어떻게 보더라도, 의존성

즉 연기라는 특징을 갖추고 있음을 알 수 있습니다.
(1) 여러 사상은 원인과 조건에 의존하고,
(2) 부분에 의존하고,
(3) 명명되어지는 것에 의존하여 성립하고 있는 것입니다.

이렇게 연기에도 3가지 타입이 있습니다. 여러 가지 사상이 어떻게 마음에 나타나는지 잘 분석해 보십시오.「이것의 참된 본성은 무엇일까 이것은 내 마음에 어떻게 나타나는 것일까.」다음에 그 사상의 출현 방법과 존재의 진짜 상태를 비교해 보십시오. 이 두 가지는 완전히 정확하게 부합할까요. 그런 일은 없습니다. 이 두 가지 사이에는 커다란 간격이 있습니다.

마음에는 두 가지 국면이 있는 것입니다. 하나는 자기의 강한 분노나 탐욕이라는 번뇌가 투영된 채 확고하게 나타난 것에 의존하여 발생하는 마음입니다. 우리들이 어떤 대상에게 증오나 애착을 느낀 순간 그 모습은 무언가의 확신을 동반하여 나타납니다. 애착을 깨달았다면 100% 긍정적으로, 증오를 깨달았다면 100% 부정적으로 인식할 수 있습니다.

이렇게 되면 자기에게 있어서 적으로 보이는 상대는 누구에게라도 적일 것이다라고 생각해 버립니다. 그러나 그런 일은 없습니다. 자기에게 있어서의 적도 다른 사람에게 있어서는 친구일지도 모릅니다. 자기의 적이 완전히 나쁜 존재라는 것은 아닙니다. 완전히 나쁜 존재로 보이는 것은 강한 증오의 결과로 생겨난 관대한 의미부여에 지나지 않습니다. 모든 나쁜 생각 즉 번뇌에 물든 생각은 확신을 동반합니다. 좋은 생각, 번뇌에 물들지 않는 생각이라면 그런 일은 일어나지 않습니다.

공성은 단순히 지식으로서 듣고 바로 이해 할 수 있는 것은 아닙니다. 손가

| 질 | 의 | 응 | 답 |

락으로 자동차를 가리켜 그것을 차라고 이해하는 것과는 다른 것입니다. 공성은 지식뿐 아니라 내적 체험이 있어야 비로소 이해할 수 있는 것. 그것도 시간을 들여 하루하루 정진함으로써 겨우 이해할 수 있는 것입니다. 몇 년에 걸쳐 선정을 행하고 내적인 시도를 계속하여 서서히 공성(空性)인 것을 이해할 수 있게 되는 것입니다.

부록
『초심자를 위한 쉬운 밀교 명상법』

초심자를 위한 쉬운 밀교 명상법

텐진 갸초 달라이 라마 14세 著

❂ 명상의 준비

　명상은 조용한 마음, 조용한 장소나 당신의 집안에서 가장 적합하다고 생각되는 한 장소에서 하는 것이 좋겠지요. 우선 수행 장소를 정성을 들여 청소합니다.

　불단용의 단 위에 석가모니불, 부처의 자비의 화신인 관음, 부처의 지혜의 화신인 문수, 부처의 힘의 화신인 금강수의 3보살, 모든 부처의 행위의 상징인 알리야·타라의 불상 혹은 불화를 놓습니다. 이것은 색신으로서 부처를 상징합니다.

　불상군의 우측에는 경전을 놓습니다. 반야경전 중의 한권이 좋겠지요. 이것은 부처의 언어를 상징합니다. 불상군의 좌측에는 미니츄어의 불탑(불의 사리를 봉안한 탑)을 놓습니다. 이것은 부처의 마음을 상징합니다. 반야경전이 없는 경우 불교경전이라면 무엇이라도 상관없습니다. 또 각각의 불상이 주변에 없으면, 석가모니 상만으로도 괜찮습니다. 아니 그것마저 없어서 안 되는 것은 아닙니다. 아무래도 빠트릴 수 없는 것은 바른 마음가짐, 단지 그것뿐입니다.

　다음으로 공양물을 놓습니다. 공양물에는 맑은 물·꽃·향·등·식물·소리(음을 상징하는 것)가 필요합니다. 마음으로부터의 신뢰를 나타내기 때문에 되도록 깨끗하게 공양물을 진열하십시오. 모든 준비가 끝나면 좌구 위에 결가부좌 혹은 반가좌로 동쪽을 향해 앉으십시오. 그 어느 쪽도 어렵다면 어느 쪽이 좋을지 단시간 시도해 보고, 나중에 좋은 좌법으로 앉으십시오.

전행(前行)의 명상

여기에서 다음과 같이 생각합니다.

신체에 의한 행위는 마음가짐에 따라 좋은 것, 나쁜 것, 좋지도 나쁘지도 않은 중립의 것, 3종류로 나뉘어 진다.
그러므로 무엇보다 중요한 것은 마음의 훈련이다.
이제 겨우 인간의 몸으로 태어나 다른 살아있는 것보다 훌륭한 사고력을 가지고, 여러 가지를 성취할 수 있는 행운을 얻고 있었는데도, 금생의 행복만을 위해 몸과 뼈를 깎는다면 왠지 슬프지 않을까?
몸과 뼈를 깎아 불멸의 행복이 손에 들어온다면, 이 세상이 권력이나 부, 우정을 향수(享受)하고 있는 사람들 속에는 불멸의, 진짜 행복을 충분히 맛보고 있는 사람도 적지 않게 있을 것이다.
그러나 지배자 · 군인 · 재산가 · 중산계급 · 가난한 사람과 향수(享受)할 수 있는 행복의 양이나 강렬함에 있어서는 비교적 차이가 있지만, 그 누구라도 온갖 심신의 고통을 맛보고 있다. 특히 마음은 참기 어려운 고통에 들볶이고 있다.

또한 자기 마음속에서 행복과 고통의 원인을 탐구해 봅니다.

고통의 원인이 무엇인가?

충분히 이해해 가는 사이에, 마음이야말로 고통을 일으키는 궁극의 원인임과 또 마음의 부정함을 증감시키는 보충적 요인임을 깨닫게 됩니다. 마음의 부정함은 제거할 수도 없습니다. 마음의 장애(번뇌의 장애와 지혜의 장애)를 취급하는 방법이 뛰어나다면, 마음도 안정되고 번뇌에 오염된 마음도 깨달음의 마음으로 변화됩니다.
납득이 가기까지 잠시 이렇게 생각을 합니다.

이제 고통을 제거하려는 고통의 원인을 제거하고 행복을 얻으려면 행복의 원인을 만들지 않으면 안 된다. 어떠한 형태이든 항구(恒久)의 행복을 얻으려면 그 원인을 쌓기 위해 정진하지 않으면 안 되며, 고통을 제거하려면 고통의 원인이 발생하지 않도록 하지 않으면 안 된다. 그러기 위해서는 행복과 고통의 진짜 원인이 무엇인지 충분히 이해해둘 필요가 있다.

여기에서 우선 문답과 논리를 통해 정밀한 분석을 하고 부처와 불법을 신뢰하고 무상의 경신(敬信)을 품는 것을 깨닫는 것입니다.

● 귀의

다음은 마음속에서 이렇게 암송합니다.

직접 체험에서 생긴 무상의 지혜라는 결과를
청정한 정법으로써
살아있는 것에게 말씀하시는 부처님
무상의 깨달음을 펼친 자에게 귀의합니다.

모든 고통의 건너편, 참 행복의 경지에 우리들을 이끌어
신체 · 언어 · 마음의 행위와 유익한 사유(思惟)의 결과로써
모든 불선(不善)을 끊고, 모든 좋은 덕성을 얻는 힘을 가진
법에 귀의합니다.

깨달음을 위한 수행의 도에 확실한 발자취를 남기고
구원에 응해 정신적인 구원의 손을 내미는
무상의 승가(수행자들의 모임)에
흔들림 없는 신뢰를 한데 모아 귀의합니다.

● 관상(觀想)

눈앞의 허공에 빛나는 옥좌를 관상하십시오.
옥좌 위에는 석가모니불이 결가부좌로 앉아 있습니다.

오른손은 촉지인(觸地印: 손바닥을 안쪽으로 향하고 다섯 손가락을 펴서 땅에 댄다) 손가락 끝을 옥좌에 붙입니다. 배꼽 옆에 둔 왼손은 지혜의 감로(달콤한 이슬)가 가득한 사발을 갖고 있습니다.

석가모니불의 신체는 다른 보살들보다도 조금 크고 금색의 빛을 발하고 있다고 관상하십시오.

옥좌의 양어깨 약간 앞쪽에, 석존의 2대 제자 사리자와 목련이 오른손에 지팡이, 왼손에 사발을 갖고 있습니다. 석존도 제자들도 법의를 감고 있습니다. 석가모니불의 우측에는 관음, 신체는 희고 연화좌의 위에 앉아 가슴부분에 양손을 맞추고 합장하고 있습니다. 석가모니불의 왼손에는 문수, 신체는 노랗고, 오른손에는 지혜의 검 왼손에는 경전을 들고 있습니다.

석가모니불의 앞에 있는 연화좌에는 금강수, 신체는 감청색으로 오른손에는 금강저를 갖고, 왼손은 기극인(祈克印: 적을 위협하는 인상)을 결하고 있습니다. 석가모니불의 뒤쪽에 있는 연화좌에는 알리야 타라로 몸의 색은 녹색으로 오른손을 여원인(손바닥을 앞으로 향하고 밑으로 늘어뜨린다) 왼손에는 파란 연화를 갖고 시무외인(施無畏印: 손가락을 위로 펼치고 손바닥을 밖으로 향한 것, 두려움을 제거하는 의미)을 결인하고 있습니다.

보살들은 모두 연화좌에 앉고, 아름다운 실크 옷이나 보석 장식을 몸에 두르고 신체는 빛나고 생생합니다. 부처나 보살의 성스러운 집단의 우측에는 가르침의 진수를 기록한 불교경전의 산, 이것은 고통이 멸한 경지, 깨달음에 이르는 수행의 길을 상징합니다. 좌측에는 번영하는 불탑 모든 부처의 지혜를 상징합니다.

이렇게 관상한 부처들의 집회도(集會圖)를 귀의의 대상 그 자체로 간주

하십시오. 당신의 우측에 아버지나 남성 친척을, 좌측은 어머니나 여성 친척을, 죽은 사람도 포함하여 앞에는 적을, 뒤에는 중요시하는 아군을 관상하십시오. 그 주위에 모든 중생을 인간의 모습으로 관상하십시오.

당신과 함께 모든 살아 있는 것이 일사불란(一事不亂)하게 귀의의 문구를 외우고 있는 것을 보는 것입니다. 부처나 보살들의 신체·언어·마음의 덕성에 관해 두루 골똘히 생각하는 사이에 거기로부터 빛이 나오고 자기나 주변에 있는 중생에게 쏟아져서 마음속의 번뇌나 죄를 정화시켜 간다고 관상하십시오.

여기에서 경신(敬信)의 마음을 담아 귀의의 만트라

『나무 부타야』(부처에 귀의합니다.)
『나무 다르마야』(법에 귀의합니다.)
『나무 상가야』(승가에 귀의합니다.)

를 21회 혹은 그 이상을 암송합니다. 또한 자기 주위에 있는 중생들에게 마음을 향합니다.

중생도 당신도 항상 행복을 추구하면서, 그 원인을 항상 물리치고 고통을 싫어하면서 고통의 원인을 방임할 수 없다는 점에서는 완전히 같은 존재입니다. 고통이라는 것은 그 원인을 끊지 않는 한 멸하지는 않습니다. 고통의 근원을 끊지 않는 한 고통은 멸하든지, 영구히 당신에게 붙어 다니는 것입니다.

고통의 원인은 쉽게 끊을 수 있는 것은 아닙니다만, 당신이 이미 고통이나 고통의 원인을 생각하고, 그것을 위해 무엇을 유지할 것인가 무엇을 방임할 것인가를 다소 나마 이해하고 있을 것입니다.

당신이 널리 사랑하는 것을 배운 상대인 중생에게 있어서 궁극의 축복이란 무엇인가, 모든 것을 초월한 경지란 무엇인가를 발견하기까지 오로지 정진하지 않으면 안 됩니다. 이와 같은 것을 마음의 큰 바다에서 계속해서 빌면서 아래의 문구를 외웁니다.

불 · 법 · 승가에
깨달음을 펴기까지 나는 귀의합니다.
6개의 완성의 행(육바라밀)과 같은 수행의 공덕에 의해
중생을 위한 부처가 될 수 있도록.

다음으로 눈앞에 관상한 귀의의 대상에 의식을 집중하고 칠지분(七支分)의 기원문을 외우고 공양합니다.

칠지분이란 다음과 같은 것입니다.

(1) 예배

여기에서 다시 귀의의 대상을 생각해내고 예배합니다. 전신을 땅에 내던지는 완전한 오체투지예(五郎投地禮)도, 이마와 팔꿈치, 무릎만을 땅에 붙이는 간략한 오체투지예도 양손을 모아 합장하는 것도 괜찮습니다.

깊은 존경과 신뢰의 마음을 갖고 이하의 문구를 외웁니다.

> 현재 · 과거 · 미래의 각자들과
> 법과 승가에 즐거운 마음으로 함께
> 마음 밑바닥으로부터의 존경과 신뢰를 갖고 귀의합니다.

(2) 공양

　관상 중에 중생으로부터 중생이 사는 세계에 이르는 이 세상의 모든 아름답고, 깨끗한 것을 공양물과 함께 불상에게 올린다고 관상하고 아래의 문구를 외웁니다.

> 문수나 다른 보살들이
> 모든 부처님에게 무량의 공물을 올린 것 같이
> 저도 또한 초대하신 부처님과 보살님들께
> 지금 공양물을 올립니다.

(3) 참회

　여기에서는 금생뿐만 아니라 과거 생에서 범한 죄나 과실을 깨닫고 고백합니다. 우선 고통의 근원이 무엇인가를 생각합니다. 고통의 근원은 우리들의 번뇌이며 불선(不善)의 업입니다.

　그렇지만 불선의 업을 만들어 내고 모든 중생을 비참한 상태로 몰아 부치는 것은 번뇌이므로, 번뇌는 불선의 업을 능가하는 커다란 적이라 할 수 있습니다. 번뇌는 마음의 더러움이며 모든 중생에게 무서운 해를 초래하는 진짜 적인 것입니다.

　우리들은 번뇌라는 강대한 적에게 너무 오랫동안 지배되어 왔으므로 무언가 대처법을 사용하지 않는 한 마음 가운데 나쁜 업의 습성이 깊이 누적되어 있습니다. 이것이 우리들에게 불행을, 괴로운 결과를 초래하는 것입니다.

마음 가운데 뿌려진 업의 종자는 결코 꺼져 없어지는 일도, 스스로 멸하는 일도 없습니다. 관상한 귀의의 대상 앞에 금생과 과거생의 죄와 과실을 깨닫고, 이것을 후회하고 이후에는 꿈속에서도 죄를 범하지 않는다고 맹세합니다.

여기서 다음과 같은 문구를 외웁니다.

> 시작이 없는 윤회 속에
> 과거생과 금생에서
> 저는 무수한 불선(不善)의 업을 쌓아 왔습니다.
> 깨달음과 어리석음으로부터
> 때로는 자기의 과실조차도 자주 기뻐하는
> 무지의 눈부신 노예였습니다.
> 저는 이들 모든 죄와 과실을 깨닫고
> 당신 앞에 공손히 머리를 숙입니다.

(4) 수희(隨喜)

여기에서는 자기와 다른 중생이 선행과 공덕의 에너지의 광대한 저장고를 분담하고 있는 것에 커다란 즐거움을 느낍니다. 행복의 원인은 선행입니다. 선한 행동을 하면 즉시, 그리고 먼 장래에도 선한 결과가 초래됩니다. 공덕의 에너지는 최고 좋은 친구이며 중생의 참 수호자인 것입니다.

이렇게 생각하고 다음과 같은 문구를 외우십시오.

모든 중생을 비추어 내면
구원과 이익을 가져오는 무상보리심(최고의 깨달음을 구하는 마음)에
숭경(崇敬)의 마음을 가지고 마음 바닥에서부터 수희(隨喜)합니다.
깨달음으로의 소원에 불법의 모든 중생에게 있어 행복의 바다에
생명이 있는 것의 모든 이익이 있는 바다에 수희(隨喜)합니다.

(5) 권청(勸請)

다음으로 위대한 도사들에게 법론을 전해 주도록, 즉 불법을 설명해주도록 기원을 합니다. 수행에 대한 완벽한 지식을 지닌 깨달음의 경지에 이른 각자들에게 중생을 위해 가르침을 설명해 주도록 청원하는 것입니다.

그러기 위해서는 다음과 같은 문구를 외웁니다.

양손을 모아 예배하며
번뇌가 일어난 고통을 한 가운데서 방황하는 자들을 위해
불법의 등을 환히 비추어 주십시오.
시방의 부처님께 청원합니다.

(6) 기원

도사들에게 중생의 진보를 위해 이 세계에 계속 머물도록 기도합니다. 혹은 부처들에게 최종적으로 열반에 들어가는 일 없이 영원히 모든 중생을 이끌고 수호해 주도록 다음과 같은 문구로 기원합니다.

양손을 합장하여
열반에 들어가는 것을 생각하고 있는 부처님께 기원합니다.
생명이 어둠 속에서 잃지 않도록
이 세상에 영원히 머무르시도록

(7) 회향(廻向)

이 수행을 하는 것으로 얻는 공덕과 자·타가 쌓는 모든 공덕을 중생들이 행복과 완전한 깨달음을 얻도록 하는 소원을 담아 회향합니다.

이 수행에 의해서
어떠한 공덕이 생기더라도
모든 중생이 깨달음을 위해 회향합니다.
중생들이 어떠한 면에서도 행복을 얻을 수 있도록

● 만트라를 외운다.

잠시 부처님께 의식을 집중합니다. 부처님들의 모습을 또렷이 관상할 수 있게 되었다면, 각각의 가슴 안에 평평한 월륜을 관상합니다. 월륜의 중앙에는 각각의 부처를 상징하는 문자, 종자가 서 있습니다.

석가모니불의 종자는 MUṀ「문」, 관음은 HRĪḤ「후리-」, 문수는 DHĪH「디-」, 금강수는 HŪṀ「훔」, 타라는 TĀṀ「타-무」입니다. 종자의 주위를 각각 부처의 만트라가 에워싸고 있습니다.

　여기에서 명상을 계속 유지하고 각각의 부처의 만트라를 7회 혹은 21회 혹은 108회 혹은 되도록 많은 횟수를 암송하십시오.

　각 부처의 만트라는 다음과 같습니다.

『옴 · 무니 무니 마하무니에 스바하』(석가모니불 만트라)

『옴 · 마니 빠드메 훔』(관음 만트라)

『옴 · 아라빠쨔나 디-흐』(문수 만트라)

『옴 · 바즈라빠니 훔』(금강수 만트라)

『옴 · 따레 뜻따레 뚜레 스와하』(타라 만트라)

　외계의 거짓 사상(事象)도 그 본질은 공 그 자체의 상징으로서 다음과 같이 관상하십시오. 관음은 천천히 빛에 용해되어 들어가 석가모니불의 머리부분에서 꺼져 사라집니다. 문수도 또한 빛에 용해되어 들어가 석가모니불의 목 부분에, 금강수도 마찬가지로 석가모니불의 가슴부분에 용해되어 들어갑니다.

　그래서 석가모니불 한분을 가능한한 뚜렷이 관상하고 그것을 되도록 오랫동안 유지하십시오. 당분간 석가모니불 자신도 상하로부터 청정한 빛으로 천천히 변하여 가슴부분에 있던 월륜에 용해되어 갑니다. 월륜도 또 만트라에, 만트라도 또 중심에 있는 종자 MUM「문」에 용해되어 들어갑니다. 종자(種子)도 또 천천히 빛에 용해되어 들어가고 마지막에 문자 위에 있는 테크레(원형의 구슬 같은 것)만 남습니다. 이것도 또 천천히 소멸되어, 최후에는 형태가 없는 청정한 빛만이 남습니다.

모든 현상이 공(空)이라는 성질을 가지고 있는 것을 잠시 명상하십시오. 다음에서 다음으로 생기는 세상 일반이라는 쾌락도, 또한 그 본질에 있어서는 공(空) 그 자체임의 상징으로서 자기의 눈앞의 공간에 조금 전과 같이 부처나 보살들의 집합도를 관상하십시오. 그리고 일편단심과 기쁨의 마음으로 이 명상을 매듭 지으십시오.

명상용의 좌구(坐具)에서 일어나 하루하루 생활로 옮긴 후에도 명상 중에 관상한 부처나 보살들의 집합도를 끊임없이 생각하고 수행을 일상 활동 가운데 융합시키도록 하십시오. 식사를 할 때는 자기가 수행의 길에 있음을 생각나게 하는 실마리로써 부처와 보살들에게 식사의 일부를 올리고 관상하십시오. 잘 때에는 머리에 석가모니불의 무릎 위에 평안히 누워 있다고 관상하십시오.

언제라도 무엇을 할 때도 부처가 당신의 행위를 지켜주고 있다고 생각하고 당신의 신체·언어·마음을 창조적이며 긍정적인 형태로 사용하도록 하지 않으면 안 됩니다.

이 명상은 하루에 한 번 행하는 것이라면 아침 무렵에, 2회 행하는 것이라면 조석으로, 4회 행하는 것이라면 아침·오후·저녁·밤에 하십시오. 처음에는 짧게 명상이 숙달되고 주의력이 증가하면 점점 명상시간과 기간을 늘리십시오.

이와 같이 명상해 가면 반드시 좋은 성과가 오르리라고 생각합니다.

모든 것에 吉祥(경사스러운 징조)이 있기를!

옮긴이   도윤 김현남(道允 金賢南)

1990년 도선사 혜성스님을 은사로 득도.
원광대학교 대학원 철학박사, 원광대학교·광주대학교 강사
구미1대학 ·공주영상정보대학 겸임교수.

논 문
〈육바라밀을 통해본 청담대종상의 인욕사상〉, 〈일행의 천문관 연구〉, 〈꿈을 통한 오장육부의 진단법〉, 〈트리도샤의 언밸런스에 대한 아로마요법〉, 〈풍의 풍수적인 의미〉, 〈일행의 밀교관 연구〉, 〈태장·금강 양계만다라의 비교연구〉 등.

역 저 서
《중국茶문화》, 《밀교의 성불론》, 《부자가 되는 풍수인테리어》, 《집안이 잘 풀리는 풍수인테리어》, 《형상진단법》 등

달라이 라마의
하루 하루를 행복하게하는 명상법

펴낸날 | 1판 1쇄 2007년 4월 26일
지은이 | 달라이 라마
옮긴이 | 도윤 김현남
펴낸이 | 김현회
펴낸곳 | 하늘북
편집장 | 김지연
관 리 | 이은주
주 소 | 서울시 종로구 필운동 139-1
등 록 | 1999년 11월 11일(등록번호 제3000-2003-138)
전 화 | (02) 722-2322
팩 스 | (02) 730-2646
e-mail | hanulbook@yahoo.co.kr

디자인 · 편집 | 이환D&B

정 가 : 12,000원
ISBN 987-89-90883-20-9